大激変の時代 •••••

現代企業にみる日本経済

齊藤 聡 著

産業能率大学出版部

はじめに

　現代企業を見る視点は、時代の流れとともに大きく変わってきています。辞書には「企業：事業を行う営利体」と書かれていますが、企業は多様な観点から捉えることができます。その観点をいくつかあげてみましょう。
- 誰がお金を出したか（出資）
- 設立の根拠となる法律（株式会社、合同会社、合名会社、合資会社）
- 企業規模（大企業、中小企業、零細企業、個人事業主、ベンチャー企業）
- 活動の範囲（地域、国内、海外、インターネットのみなど）
- 組織の形態（ライン、スタッフ、マトリクスなど）
- 国の経済体制（資本主義、社会主義、権威主義などの政治体制）
- 文化的な観点（欧米流、日本的経営など）
- 従業員のやりがい（モチベーションを上げる手法、待遇、成長性など）
- 仕事の内容（製造、販売、企画、技術、開発など）
- 社会的貢献（環境、地域雇用、技術伝承など）

　法的・経済的観点から捉えることは非常に重要ですが、生活が多様化し、自由度が増した現代社会では、企業を重層的、構造的に見ていくには十分とはいえません。もっと様々な考え方で企業を捉え、分析してくことが必要になります。本書では、基本的な事柄を中心に、実務面から現代企業を分析し、そのあり方を明らかにしていきたいと思います。

終戦後の日本経済史

　日本における世界との貿易は、第2次世界大戦の間は中断されていました。1950年に朝鮮戦争が始まり、日本の戦争特需が起き、戦争関連機材の修理や補給物資の製造などが日本企業に発注されました。おかげで工業生産が急速に伸び、好景気となりました。朝鮮戦争は日本経済にとって大きなプラスになったのです。2022年に始まったロシアのウクライナ侵攻を見ても、国家の争いは悪いことであり、あってはならないことなの

ですが、経済には大きな影響を与えるのです。

　日本経済史を振り返ると、大きく発展したバブル経済までの成長段階は大きく以下の3つに分けられます。

　第1段階は終戦直後、簡単に企業化できた繊維やおもちゃといった軽工業と、国を再生するために必須となる石炭、鉄鋼、造船などの重工業の発展です。第2段階は、1960年代から1970年代にかけて起きた、石炭から石油へのエネルギー革命です。特に1970年代には、日常生活で消費される製品が大量に生産され、自動車産業が復興していきます。第3段階は1980年代で、コンピュータやエレクトロニクスなどの知識ベースの産業が発達しました。

　ここまでの日本経済は奇跡的な成長を成し遂げました。しかし、1980年代後半にバブル経済が発生し、その後始末に1990年代が使われました。2000年代になると経済成長は鈍化し、情報技術（IT）やインターネット関連分野の成長はありましたが、全体では横ばいの状態が現在まで続いています。経済成長率平均は、0.7％（図表0参照）に満たず、長期経済低迷の状態です。

　日本経済が最も急激に成長したのは、1964年の東京オリンピックと、1965年11月から1970年7月までの57か月続いた「いざなぎ景気」の時期です。この期間は、平均GDP成長率が11％と非常に高く推移しています。1964年6月に太平洋ケーブルが敷設され、東海道新幹線も開通し、東京オリンピックが日本の高度な技術水準を世界に示しました。そして、新しい家電製品（冷蔵庫、洗濯機、カラーテレビ、クーラーなど）の出現は、国内消費を増やす後押しになりました。国民の所得アップと国内消費の伸びは、経済成長を続けていくには必要な条件でした。日本企業は、その時代の要求に合った、品質の良い商品を効率的に生産する方法を開発し続けて成長していったのです。

はじめに

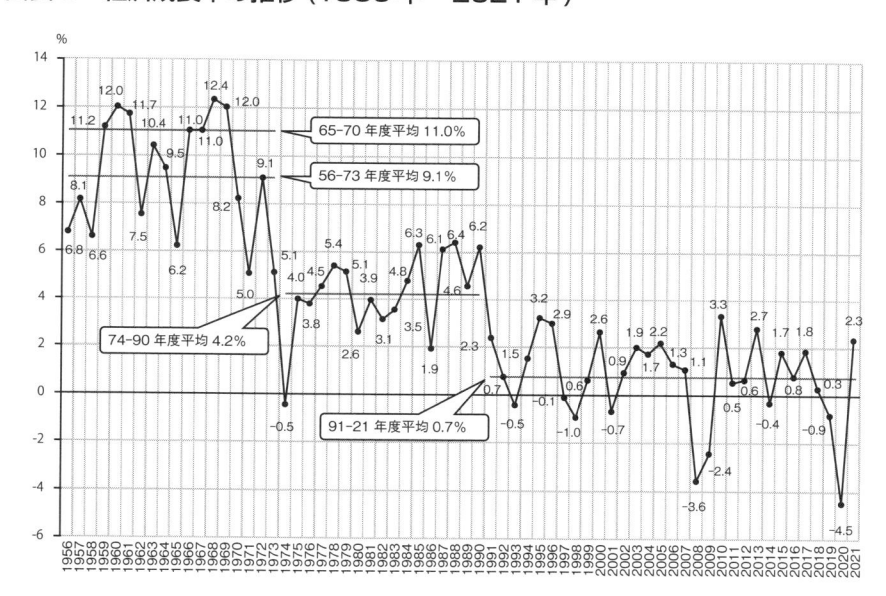

図表0　経済成長率の推移（1956年－2021年）

（注）年度ベース。複数年度平均は各年度数値の単純平均。1980年度以前は「平成12年版国民経済計算年報」（63SNAベース）、1981～94年度は年報（平成21年度確報、93SNA）による。それ以降は2008SNAに移行。2022年4-6月期1次速報値＜2022年8月15日公表＞
（資料）内閣府SNAサイト

高度成長期における日本企業の構造と今後の課題

　日本経済の高度成長期には日本企業独特の構造が構築されていきました。本文で詳しく述べますが、代表的な構造を以下にあげ、現在・未来と対比した際の問題点や課題を見ていきます。

（1）終身雇用

　高度成長期における正規労働者は、実質的に定年まで仕事が保障されていました。転職は珍しく、失業率も大変低かったのです。1950年代から60年代の失業率は3％以下で、労働者が自ら退職することはなく、企業には質の高い職業訓練をする時間と余裕がありました。ジョブローテーションで、労働者にいろいろな部署の仕事を経験させ、総合的に能力を高めることができました。

さらに、経済全体が成長していたので、程度の差こそあれ昇給を行い、まじめに勤務している労働者全員を満足させることができました。企業は人的資本に投資し、労働者の生産性を向上させたのです。

　企業が生産性の向上に成功した主な要因として、製造工程の技術革新と労働者間の活発なコミュニケーションをあげることができます。労働者は長期的にじっくりとグループで実地訓練や研修を受けるため、深い信頼関係を築くことができたのです。

　当時は、年齢や勤続年数が上がるにつれて給与が上がり、退職金も増えるシステムが一般的でした（年功序列）。このシステムは途中で退職すると不利になります。終身雇用は企業の成長に貢献し、逆に、企業の成長は終身雇用を維持することで保たれました。この循環は日本企業の文化となりましたが、その背景には持続的な経済成長がありました。持続的な経済成長なしで維持できるシステムではないからです。

　従来型の日本型雇用システムは「メンバーシップ型雇用」と呼ばれ、労働時間や勤務地、職務内容を限定しない働き方です。転勤、異動するのは当たり前です。近年は、産業構造の変化、グローバル化、コロナ禍など、社会情勢の変化に伴い日本型雇用の見直しが進み、「ジョブ型雇用」が注目されています。ジョブ型雇用とは、人材を採用する際に職務内容を明確に定義して雇用契約を結び、労働時間ではなく職務や役割で評価する雇用システムで、欧米諸国では広く普及しています。今後、成長が見込まれる産業はコンピュータ、ソフトウェア、通信、金融商品、介護・医療等のサービスなど、高度技術とサービス志向の分野だと予想されています。これらの産業は、高度な専門的技術を持つ専門家に支えられているので、一般的な労働者への年功序列と終身雇用を維持することは難しい状況です。仮に、予想どおりに進めば、そこで働く従業員には特殊な技術が要求されるため、従来型のメンバーシップ型雇用システムでは必要とする労働者を確保できなくなります。したがって根本的な構造改革が必要なのです。つまり、終身雇用、年功序列賃金、正社員の無限定な働き方、正規・非正規の二重構造などに象徴される従来型の日本型雇用システムは限界にきていま

す。抜本的な改革は進んでいません。一般社団法人日本経済団体連合会（略称、経団連）は、2020年に働き方改革を目指して、日本型雇用システムを見直すべきと提起しました。グローバル化の進展で、従来の雇用システムでは、国際競争での生き残りが難しいからです。2022年度の「経営労働政策特別委員会報告」（経団連発表）では、ジョブ型雇用についての方針をまとめ、「導入・活用の検討が必要」とも報告しています。大企業中心の経済団体は、社会的に日本型雇用の見直しを進める方向性を示しています。

（2）メインバンク制度

　銀行と企業の間の強くて安定した長期的な関係も、高度成長期における特徴の1つです。メインバンク（主要取引銀行）は長期的視点で企業全体を判断するため、企業の経営陣は、安定した資金供給を前提とした長期的スタンスでの投資を計画することができました。逆に、個人と機関投資家の役割はそれほど重要視されていませんでした。

　日本の企業組織に関する「ケイレツ（系列）」という言葉が、海外でも単独で通用するぐらい有名になりました。系列とは、メインバンクの銀行が中心となり資金を提供する企業集団を構築・形成した緩やかな企業集団のことです。三井、三菱、住友などの旧財閥系の銀行から強力な支援を受ける形で企業グループを形成し、総合的な力を発揮する手段となりました。

　メインバンク制が確立した背景として、戦後の資金不足の中で銀行融資が大きな影響力を持ったこと、株式持合いや政策的な制度要因、株主意識の問題によりエクイティファイナンス（株式による資金調達）の発達が相対的に遅れたことがあります。既に、バブル経済で発生した不良債権の処理は終わりました。銀行による資金の仲介は減少し、直接金融が相対的に増加しています。企業は直接、国内および国際資本市場で、より簡単に資金を調達することができるようになりました。多くの製造業者は海外のサプライヤーに投資する動きが増え、これまでの系列によりジャスト・イン・タイムを可能にしていた小規模の業者が不要になっています。また、イン

ターネットの普及で、情報伝達コストが劇的に低下し、従来型の仲介業者が排除されています。銀行中心のメインバンク制度はバブル経済後に弱体化し、銀行と企業のつながりが弱くなっているのです。

金融を支える情報技術は進化しています。フィンテックとは、Finance（金融）とTechnology（技術）を組み合わせた造語で、従来の金融サービスと技術を組み合わせた仕組みのことです。特に、IT企業と金融機関が連携・協働しながら新しい金融サービスを提供しています。例えば、銀行のない地域では、スマホ操作によるモバイル金融が普及し、決済・送金が行われています。また、欧米、中国では既に決済・送金を含む様々なモバイル金融が浸透し、商売のあり方が変化しています。分散型管理のための新技術であるブロックチェーンに支えられた仮想通貨（暗号通貨）の利用も拡大しています。今後、金融産業は一層、他のサービスと連携した情報サービス産業として発達します。そして、IT分野から新たな金融産業が生まれつつあります。IT技術の進歩に合わせて、中央銀行の機能と役割も変化してきています。

（3）産業政策

1960年代までの間、政府は特定の業界をターゲットにして産業を成長させようとしました。これらの業界は政府系金融機関を通じて低利融資を受けられ、かつ当時貴重な外貨割当も優先的に受けられました。郵便局が集める貯金は、財政投融資として政府の特別会計で自由に使うことができました。

また、政府は特定の品目について、国内産業を保護するために輸入を制限しました。輸入量を規制し、高い関税をかける政策です。日本企業は、外国の技術や製品をライセンス使用したり、手本にしたりすることで、新たな製品を作り出し世界市場に売り出しました。そして、当時固定化されていた日本円の為替相場を輸入制限（量の制限、関税、外貨割当）によって維持する政策をとりました。

その後、通産省（現在の経済産業省）は、優遇する政策を巧みなタイミ

ングで変化させています。政府が重点的に支援した特定産業は、1950年代の繊維、おもちゃ、その他の軽工業品、1960年代の鉄鋼と船舶、家庭用電化製品、1970年代の精密光学製品、1980年代の自動車、半導体などの高付加価値製品です。

　こうした政府の後押しもあり、日本企業は世界の経済状況を捉えながら業界の構造を変化させることができました。日本の貿易黒字と急速な経済成長のバックボーンの1つは、政府の産業政策だといえるのです。

　近年、政府は、日本経済の再生に向けて、現状を把握し、その状況をレポートの形で公表しています。また、そのための具体策を提示し、企業や個人を支援することを表明しています。政府は、公共投資、金融政策、税制改革、規制緩和等の従来型の政策の他に、デジタル庁（2021年9月新設）し、日本経済の再生に向けて活動を強化しています。高齢化社会の到来で予算が硬直（国債費、福利厚生費の増大）する中、様々な資料を提供することで、企業に新たな投資を促しています。詳しくは、後述（第8章8-6 今後の産業政策）を参考にしてください。

（4）貯蓄（投資）と人材

　1950年代の日本の家計貯蓄率は15〜20％の間で推移しています。貯蓄は投資に回るので、当時の高い投資率を示しています。戦後、いち早く全国に特定郵便局を設置し、民間から資金を集めて企業の投資に回す政策は有効に機能しました。常に資金不足となっていた企業に安定した資金供給が可能となったからです。戦前から日本の教育水準は高かったため、企業は有能な人材を容易に獲得することができました。しかし、高齢化が急速に進む中、貯蓄率の低下は避けられません。日本企業が、世界レベルで戦える新たな成長産業を見出せない限り、社会保障費用の増大は経済成長を鈍化させます。新しい成長分野で活躍できる人材確保のための教育システムや政策が必要です。

（5）在庫戦略

　トヨタが実践したジャスト・イン・タイムの在庫戦略は経済効率を高めました。必要な物を、必要な時に、必要な量だけ納入するというもので、他社にも導入されています。カンバン方式ともいわれ、企業の枠を超えた系列の中で実践されました。系列には、下請けの中小企業も含まれています。

　その他、生産性を上げる工夫としては、キヤノンのセルシステム（仕事を細かいセルにして、それを自在に組み合わせる方式）、京セラのアメーバシステム（アメーバのように自由に生産システムを再構築していく方法）などが有名です。こうして在庫・流通戦略は、企業の成長に欠かせない重要なものになりました。

　しかし、1980年代以降、特に円高を契機として、人件費の抑制のために生産拠点を国内から海外に移転する「空洞化」が起きています。しかし、縮小する産業から拡大する産業に、労働力などが容易に移動できれば問題は発生しません。むしろ、技術革新によって空洞化の痛みは和らぎ、産業構造の転換が促進されます。

（6）労働組合

　日本の組合のほとんどは会社内の組織であり、産業全体の問題には関与しません。労使協調路線をとる組合が多く、米国の組合のように産業ごとに一致団結して行動し、企業の経営サイドと大きく対立することは稀です。日本では、組合員の幹部は、むしろ管理職に早く登用されてきました。この日本独特の企業内組合は、労使が対立することで発生するストライキなどでの損失の発生を防止し、結果的に企業の競争力をつけました。

現代企業の問題点

　日本経済に「成長の奇跡」をもたらした日本企業の独自性が、その優位性を失っています。大きく変化する世界の経済活動の中で、むしろ成長の

妨げにすらなっているかもしれません。前記の日本企業独特の構造を大きく転換する時期が来ているのです。

　それでは、今後どんな企業体制を構築したらよいのでしょうか。その問題を解決するためには、現在の企業の仕組みを十分に学び、現状を認識しなければなりません。また、マーケティング戦略を一から見直す必要もあるでしょう。

　絶えず現状を改良・改善し、新たな技術や生産方法を考案しようと努力している日本企業の姿勢は変わりません。この先、終身雇用は崩壊し、労働形態が変化することが予想されます。痛みを伴う変革をあえて敢行し、次のステップに移ることができると信じます。

　日本は現在、電気自動車、LED、ロボット工学、炭素繊維、精緻な工作機械などの技術で、世界のトップクラスに位置しています。今後はさらに、高付加価値で人々を驚かせるような新しい商品を作り出していかなくてはなりません。戦後の復興期に最盛期を迎えた繊維産業が、その後苦労して、化学、炭素繊維、そしてバイオテクノロジーの分野に活動を広げ、生き残っています。日本の産業、経済が変身を遂げ続けるためには、現代企業のあり方を学習しなければなりません。そして、その応用を考えましょう。

大激変の時代　現代企業にみる日本経済
もくじ

はじめに………i

第1章　現代企業の形成 ─ 1
1-1　20世紀以前の企業観………2
1-2　20世紀の企業の発展過程………2
1-3　日本的経営とは………4
1-4　企業の競争モデル………12

第2章　企業の定義（企業実態を知る） 15
2-1　会社法から見た会社の形態………16
2-2　中小企業基本法・税法から見た会社の形態………19
2-3　会社の信用格付け………20
2-4　会社の信用調査………23

第3章　企業の統治 ─ 25
3-1　経営理念とビジョン………26
3-2　コーポレート・ガバナンス………27
3-3　企業文化を育む………32
3-4　財務会計の仕組み………36
3-5　取締役会………37
3-6　委員会設置会社………39

もくじ

第4章　企業グループ ——— 43
- *4-1*　企業の経営資源………44
- *4-2*　大企業と中小企業の関係………46

第5章　会社の仕組み ——— 63
- *5-1*　入社から定年までの流れ………64
- *5-2*　雇用形態………66
- *5-3*　労働条件………68
- *5-4*　人事考課制度………72
- *5-5*　福利厚生制度………76

第6章　企業の戦略 ——— 81
- *6-1*　取引コスト発生のメカニズム………82
- *6-2*　取引形態の3類型………83
- *6-3*　エージェンシー理論………84
- *6-4*　現実の取引採算………86
- *6-5*　市場と組織の境界線………100
- *6-6*　企業の広告活動………105
- *6-7*　企業と立地………108
- *6-8*　BCP（事業継続計画）………116
- *6-9*　人材育成：企業変革に必要な人材………121
- *6-10*　企業の国際化………127
- *6-11*　企業の知的財産権………131

第7章 現代企業の構造 ——— 137

- *7-1* 企業の組織形態………138
- *7-2* グループ・マネジメント………151
- *7-3* 現代企業の姿………157
- *7-4* 国際規格………170
- *7-5* DX（デジタルトランスフォーメーション）………173
- *7-6* GDPR（EUの一般データ保護規則）………179

第8章 政府と企業 ——— 183

- *8-1* 政治体制と経済………184
- *8-2* 産業政策………186
- *8-3* 戦後の復興と高度成長期………192
- *8-4* オイルショック以降の産業支援………193
- *8-5* 今後の産業政策………194

第9章 社会と企業 ——— 199

- *9-1* 企業の社会的責任（CSR）………200
- *9-2* 公共財と私的財………204
- *9-3* 企業の新たな社会的責任………208

第10章　国際社会と企業 ——— 217

- *10-1*　国際戦略の推移………218
- *10-2*　生産拠点の海外移転………221
- *10-3*　国際化の動機………222
- *10-4*　多国籍企業と発展段階………224
- *10-5*　アジアと日本企業………226

第11章　日本経済の状況と再生への取り組み — 237

- *11-1*　日本経済の低迷………238
- *11-2*　日本経済に必要なものは何か………243

おわりに　～日本経済の再生～………246

第 1 章

現代企業の形成

1-1　20世紀以前の企業観

　企業は、ひと言でいうと、「利潤追求のための財・サービスの提供を行うもの」ということになります。これは基本的な古典的企業観といえるでしょう。

　初めての株式会社は、1602年に設立されたオランダ東インド会社といわれています。ヨーロッパ諸国がアジア地域との交易を進めるために、貿易独占権を与えた組織です。航海ごとに出資者を募り、船団を組み、交易の利益を出資者に分配しました。経営と資本の分離の始まりです。

　続いて、18世紀から19世紀にかけて**産業革命**が起きました。イギリスにおいて、工場制機械工業の導入による産業の変革と、それに伴う社会構造の変革が始まりました。それでも19世紀の企業の実態は、企業家個人と何ら変わりなく、小規模でまだまだ組織化されていないものでした。

　19世紀から20世紀にかけて部品の規格化が始まり、互換性を持たせることによって、ベルトコンベアによる大量生産が始まります。そして同じ時期に、鉄道や通信が発達して市場の拡大が起き、企業規模は急速に拡大していきました。

1-2　20世紀の企業の発展過程

　20世紀になると、企業の大規模化が始まります。大企業化は必然的に膨大な資金を必要とします。資金調達のために株式会社という形態が発達し、経営者と資本家（資金の出し手）の分離が本格化しました。それに伴って株式や債券を売買する市場が整備され、金融機関が発達していきました。そして、それらは規模が大きくなり、活動が組織化され、資本家は運用実績に注目するため、市場には運用の専門家が出現します。また、企業の経営者は専門的になり、経済、経営、商学、会計などの専門分野を学ん

だ専門経営者が担当するようになりました。

　このようにして生まれた大企業では、様々な技能を持った多くの人が働くようになり、そこで生み出された製品やサービスを市場に継続して提供していくようになりました。そして、それら全体を管理するために、より高度で複雑な管理が要求されるようになります。それが組織化です。

　組織化は、企業家の個人的な行為から離れ、組織としての目標達成のために、たくさんの人が協力する協働行為になることを意味します。また、組織化においては、組織を維持するための管理が発生します。同時に、大企業の取引量は増大し、企業間取引のネットワークが生まれます。そのネットワークは、複雑化・緊密化していきます。

　技術が進歩し、コンピュータが開発され、インターネットが普及すると、非常に低コストで大量な情報を利用できるようになり、さらに大規模化が進んでいきます。そして現在では、財・サービスを提供するだけの会社は少なくなり、社会に様々なことを貢献することを要求されています。

　一方、企業で働く人々にも変化が見られます。大多数の人が企業に勤めるようになり、企業に勤務することで収入を得て生計を立てることができます。さらには仕事のやりがいや社会的地位も獲得するといったメリットを享受できるのです。国家や行政も、人々の福祉に対応するために企業が生み出す富が絶対に必要になっており、その相互関係は極めて重要です。企業に「ゴーイング・コンサーン（永続企業体）」となることが要求され、組織化され、管理するためのルールがつくられ、維持・発展が求められます。

組織化 ⟶ 管理の発展 ⟶ ネットワークの誕生 ⟶ 福祉国家へ発展

　上記の企業の発展過程の流れを縮図にしたものがベンチャー企業を成長させる起業家の活動です。起業家は、これらの発展過程を１人でこなし、個人企業を組織的に管理された大企業に成長させています。株式を上場させるころになると、組織が人を育てるようになり、会社は個人のものでは

なく、ワンランク上の概念に上がり、公共の福祉を考えながら発展する企業となります。

1-3 日本的経営とは

　日本的経営とは日本独特の経営慣行のことであり、特に戦中・戦後に形成され、高度経済成長期からバブル経済崩壊までの間に実践されていた経営慣行を指します。現在はかなり崩れてきていますが、いまだにその考え方や就職行動は慣習として残っています。具体的な例としては、終身雇用（新卒から定年まで勤務する）や年功序列（勤続年数が給与に大きな影響を与える）、企業別労働組合（企業ごとに独立した組合があり、経営者との対立を避ける）などがあげられます。しかし、バブル経済崩壊以降は企業経営が苦しくなり、効率化を優先してリストラが進み、日本的経営でいわれる正社員が減少しています。パートタイマー（以下パート）、派遣社員のほうが正社員よりも多くなっているのが現実です。日本における男女間賃金格差は、長期的に見ると縮小傾向にありますが、他の先進国と比較すると依然として大きい状況にあります。こうした男女間賃金格差の現状を踏まえて、更なる縮小を図るため、2022年7月に女性活躍推進法に関する制度改正がなされました。今後の日本経済にとって、女性人材活用は待ったなしです。改正内容は以下のとおりです。

1. 一般事業主行動計画の策定義務の対象拡大：一般事業主行動計画の策定・届出義務および自社の女性活躍に関する情報公表の義務の対象が、常時雇用する労働者が301人以上から101人以上の事業主に拡大されました（2022年4月1日施行）。2022年4月1日から女性活躍推進法に基づく行動計画の策定・届出、情報公表が101人以上300人以下の中小企業にも義務化されます。

2. 女性活躍に関する情報公表の強化：常時雇用する労働者が301人以上の事業主は、情報公表項目について、①職業生活に関する機会の提供

に関する実績、②職業生活と家庭生活との両立に資する雇用環境の整備に関する実績、の各区分から1項目以上（合計2項目以上、101人以上の事業主は1項目以上）を公表する必要があります（2020年6月1日施行）。
3．特例認定制度（プラチナえるぼし）の創設：女性の活躍推進に関する状況等が優良な事業主の方への認定（えるぼし認定）よりも水準の高い「プラチナえるぼし」認定が創設されました（2020年6月1日施行）。

1-3-1 終身雇用

（1）終身雇用の起源

　学校を新規に卒業した人（新卒者）が、いったん企業に就職すると途中で転職することなく定年まで雇用され続けるという制度で、日本の正社員雇用における長期雇用慣行です。

　この長期雇用慣行の原型がつくられたのは大正末期から昭和初期にかけてだとされています。明治維新以降、産業の欧米化が進み、昭和初期まで熟練工の転職率は極めて高く、よい条件の職場に転職することは当たり前で、熟練工を確保することが企業側の課題となっていました。企業側としては、熟練工の短期転職は大変なコスト上昇。そこで大企業は、従業員を定着させるために定期昇給制度や退職金制度を導入し、年功序列を重視する雇用制度を築きます。それが終身雇用の起源とされているのです。

　しかし、この時期の終身雇用制度は、あくまで雇用者の善意に基づく解雇権の留保であり、法律で定められた労働者の権利ではありませんでした。第2次世界大戦以降、労働者が団結し、人員整理反対の大ストライキを行うようになると、大企業は可能な限り指名解雇を避けるようになりました。1950年代から60年代にかけては、神武景気、岩戸景気と呼ばれる好況の真っただ中にあり、多くの企業の関心は労働力不足にあり、労働者を確保することに積極的でした。そのため大企業では、この時期に長期雇用の慣習が一般化したのです。

1970年代に最高裁判例として成立した整理解雇4要件（人員整理の必要性、解雇回避努力義務の履行、被解雇者選定の合理性、解雇手続きの妥当性）など、種々の判例や労働組合の団結により、実質的に使用者の解雇権の行使も制限されるようになりました。こうして、戦前まではあくまで慣行であった終身雇用制度が、一般の人々の間に定着していったのです。

（2）終身雇用の現況と変化

バブル経済崩壊後の1990年代から2000年代にかけて、多くの企業は円高や国際競争、不況の中で、人件費の圧迫と過剰雇用に直面し、雇用の調整が大きな経営課題となりました。正社員を解雇することは、整理解雇4要件によって解雇無効訴訟のリスクを抱えることになり、企業の行動が制約されるようになりました。その結果、正社員の雇用は急速に減少し（新規採用中止を含む）、パート、アルバイト、派遣社員、雇用期限の定めのある期間労働者がそれに代わって採用されるようになりました。

また、日本特有の雇用調整プロセスとして、正社員に対する残業の規制、配置転換や出向、早期退職制度が始まりました。そして、パートタイマーや期間労働者に対する契約更新の中止、新規採用の中止などの方法が一般化しました。

しかし、この整理解雇4要件にも見直しの兆しが見えます（角川文化振興財団事件；解雇回避努力を尽くしていなかったとしても、直ちに本件解雇が権利の濫用として無効であるということはできない）。その背景には、正社員と非正規社員の雇用条件差が縮まらないこと（同一労働同一賃金の原則に反する状態）やジョブ型雇用の拡大があります。

（3）終身雇用の崩壊

少子化、日本経済停滞などにより、昨今では日本的経営の三種の神器といわれた「終身雇用、年功序列、企業別労働組合」を維持することは困難になってきています。しかしながら、終身雇用が崩壊したといわれながらも、日本では長期雇用の慣習が残っており、日本の転職率は欧米の半分以

下です。ただし、実際に終身雇用のメリットを享受しているのはほとんど大企業の社員に限られており、その労働人口に占める比率は10％以下です。

（4）労働者派遣法の改正
　2004年3月1日に改正労働者派遣法が施行されました。主な改正点は以下のとおりです。
- 旧法で1年とされている派遣期間を3年に延長
- 物の製造の業務（製造業）への派遣解禁
- 紹介予定派遣での事前面接の解禁

　この改正は、正社員雇用を抑制し、派遣社員を多用するものとなり、日本的終身雇用制度の崩壊を早めることとなりました。もともと労働者派遣法は1986年に施行されましたが、当時は秘書や通訳・翻訳・速記など専門性の高い16職種に限定して派遣が認められていました。その後1999年の法改正により、原則としてすべての業種で1年を限度に派遣を認め、例外として一部業種（港湾運送業、建設業務、警備業務、医療関係業務、物の製造業務など）を認めないこととしました。

　この法改正は、派遣に関する根本的な考え方を変えるもので、改正前は「派遣は原則禁止、例外で認める」としていたものが、1999年の法改正によって大きく転換し、派遣を原則として認め、例外的に一部を禁止することとなったのです。同時に、1996年に26に拡大された、既に派遣が認められていた職種の派遣期間については1年から3年に延長されました。その結果、企業は正社員の雇用を抑制し、派遣社員を効率よく使うようになりました。企業側からすると、そうでもしない限り、グローバル化する国際競争に勝てなかったという背景があります。2004年の法改正は、そうした背景に合わせただけで、法改正により正社員が減少したというわけではありません。

　2015年9月改正では、派遣労働という働き方と利用は、臨時的・一時的なものとの原則で、常用代替を防止するとともに、派遣労働者のより

一層の雇用の安定やキャリアアップを図るため、労働者派遣法が改正されました。具体的には、以下のとおりです。
- 同一の派遣先の事業所において、派遣可能期間（派遣先で新たな労働者派遣を受け入れてから3年）を超えて派遣就業することはできません。
- 「事業所単位」の派遣可能期間が延長された場合でも、派遣先の事業所における同一の組織単位（いわゆる「課」などを想定）で、3年を超えて派遣就業することはできません。
- 雇用2年後の更新が決まった場合、「派遣先への直接雇用の依頼（派遣先が同意すれば、派遣先の正社員となります）」ができます。できない場合は、新たな派遣先の提供（その条件が派遣で働く人の能力、経験等に照らして合理的なものに限ります）、派遣元での派遣労働者以外としての無期雇用、その他雇用の安定を図るための措置（紹介予定派遣の対象となること等）、が求められます。
- 禁止業務に従事させるなど違法に派遣された労働者は、その派遣先から労働契約を申し込まれたものとみなされます。これを「労働契約申込みみなし制度」といいます。

（5）労働契約法の改正

2012年、2013年に、労働契約法の改正が改正されました。要点は、以下の3点です。
- 無期労働契約への転換：有期労働契約が繰り返し更新されて通算5年を超えたときは、労働者の申込みにより、期間の定めのない労働契約（無期労働契約）に転換できます。
- 「雇止め法理」の法定化：最高裁判例で確立した「雇止め法理」が、そのままの内容で法律に規定されました。一定の場合には使用者による「雇止め」が認められないことになるルールです。
- 不合理な労働条件の禁止：有期契約労働者と無期契約労働者との間で、期間の定めがあることによる不合理な労働条件の相違を設けることを禁止するルールです。

有期契約労働者が同じ職場で5年を超えて働いた場合、本人が希望したら「無期雇用（正社員）に転換しなければならないとする」。この背景には、大企業は資金的余裕があるので、国が法改正をすれば正社員が増加するという基本的な考え方があります。

高度成長で企業収益が上がっていた時代には、日本的経営システムにより企業に雇用を保障させて、年金・退職金で労働者を保護する福祉制度は効率的でした。それにより、高福祉・低負担を実現できたように見えます。しかし、経済成長率が低下すると、このシステムは成立しません。企業年金は積み立て不足で破綻し、長期雇用をいやがる企業は非正社員を増やしているのが現実なのです。

収益の低下した企業に社会保障のコストを負担させる仕組みは限界に来ています。雇用の安定（生活の安定）は必要ですが、そのためには資金的な裏付けのある考え抜かれたシステムがなければなりません。日本的経営による企業の負担で個人を守るシステムから、個人が自分で身を守るシステムへ発想を転換する必要があるのです。それを政府が支援する仕組みの構築を考えなければなりません。

1-3-2 年功序列

年功序列とは、企業などにおいて勤続年数、年齢などに応じて役職や賃金を上昇させる人事制度・慣習のことを指します。年功序列制度は、労働者の技術や能力が年齢とともに蓄積され、最終的には企業の成績に反映されるとする考え方に基づいています。結果として、経験豊富な年長者が管理職などのポストに就き、能力の高い若者でも高いポストには就けず、賃金も低く抑えられます。

日本において年功序列制度が成立した理由として、個人での仕事よりも組織単位の仕事・作業が中心で、成果主義を採用しにくかったことがあげられます。集団で助け合って仕事をする組織では、命令が円滑に伝達でき、従業員が納得しやすい上下関係が求められるのです。また、年少者は年長

者に従うべきという儒教的な考え方が従来から強かったことや、リスクを避ける国民性も背景にあります。職能概念に基づく年功序列制度は、こういったニーズを満たす合理的な方法でした。

　また、年功賃金モデルを維持する前提として、経済が右肩上がりであることと労働力人口が増え続けることが必要になります。1960年代の高度経済成長期は経済が拡大を続けました。1970年代後半から1980年代末期は、現在の団塊ジュニア世代の学齢期に当たり、数多い若年者の賃金を低く抑え、一方で年配者の賃金を高くすることに経済合理性があったのです。

　年功序列の賃金体系の下では、実働部隊である若年者層は、管理者である年長者層に比べ賃金が抑えられます。若年層のモチベーション維持には、生涯賃金として損をしない制度だと、若者が感じ取る必要があります。若年者は、若いころには上げた成果に見合う賃金を受けられなくても、年功を積めば損を取り戻せると考えることができるからです。このように、終身雇用制度は年功序列制度を補強する制度となっています。

　1990年代以降、2000年代の前半までは、成果主義を人事考課に取り入れる企業が増え、人事上も年少者が昇進するケースが一般的になりました。しかし、多様化した働き方が混在する現在において、年功序列、成果主義の双方に様々な問題（メンバーシップ型からジョブ型への流れ、管理職や事務部門の成果が数値化しにくいこと、人工知能による解析など）が発生しています。そのため、2000年代以降に就職する若者は、年功序列型賃金と終身雇用という安定志向に回帰する者が増加する一方、専門的な知識を身に付け、成果主義で高報酬を求める者も存在します。

1 -3-3　企業別労働組合

　企業別労働組合とは、企業ごとに常勤の従業員だけを組合員として組織する労働組合のことです。組合員になるには、企業との雇用関係が必要になります。アルバイトやパートは、ほとんどの企業では含めません。この

点は、横断的な組合である職業別組合が多い諸外国と大きく異なります。ただし、組織運営の独立性が強く、上部団体とのパイプが太い面があることも重要な特徴です。

戦後、終身雇用が普及したので、企業に対する帰属意識が労働者全般に強くなったため、労働組合についても企業単位で捉えることが固定化しました。現実に、労働組合の幹部が将来出世して経営者（役員）になることも珍しくなく、企業においては、労働者も経営者も本質的には一体となっているわけです。

一方、欧米では雇用の流動性が高く、資本家・経営者と労働者との間は明確に区別されています。通常、労働者が経営者に出世するような階層の連続性は存在しませんし、同一産業内での労働市場における労働者相互の競争を排除しています。例えば、自動車製造の労働者は、その仕事を獲得することを争わず、協力して経営者に対して条件抗争にあたります。よりよい権利を獲得するために、必然的に産業別労働組合という形態が形成されます。つまり、同一産業内においては、各々の経営者と労働者の集団が対抗関係にあるわけです。日本の企業別労働組合は、資本主義の労使関係の本質上、極めて特殊な形態であるとされています。

その他、日本的経営の制度には定年制・稟議制などがあります。

以上のような日本的経営は、血縁関係に限定しない経営者、能力重視の人事制度を重ね合わせているなどの点で、諸外国のファミリーを中心とした企業体とは大きく異なります。

1-3-4 日本的経営の崩壊

日本的経営は大企業の一部と中堅企業でまだ残ってはいますが、かなり崩れてきています。大企業の系列やグループ企業、垂直統合型の生産システム、下請けシステムなど、今までの日本的経営を支え、成長を続ける原動力と考えられていたシステムに限界が訪れているのです。

近年、大企業がその経営の維持と繁栄を継続していくためには、大きく

変化する経済環境に適応していかなければなりません。世界全体の人口や貿易に大きな変化が生まれ、新興国が台頭し、市場が大きく変動しているのです。

　こうした変動は工業製品などだけに起きているのではありません。自然環境の変化によって、農作物や水産物の生産・水揚げにも大きな変化が見られます。企業はその変化を追い続け、市場のニーズに合った商品・サービスの提供を継続するために組織を変えていく必要があるのです。特に、情報伝達コストがインターネットの普及で大幅に下がり、大量の情報はコストをあまり考慮せずに利用できるようになりました。これらは新しい企業像・企業観を生むことになります。

　企業は今、経済市場だけに対応するのではなく、地域社会や自然環境にも適応する「社会の公器」としての取り組みを求められています。今後は、従来の考え方にこだわらずに、革新的な発想を持った経営が必要になると思われます。

1-4 企業の競争モデル

1-4-1 完全競争モデル

　完全競争モデルとは、経済学での基本的市場モデルで、市場に多数の売り手と買い手が存在し、価格が需給のみで決定される状態のことをいいます。そして、完全競争が成立している市場を完全競争市場と呼びます。

　完全競争が成立するためには、市場に多数の小規模な売り手と買い手が存在し、対象となる商品に差別性がなく、市場参加者はすべての情報を把握しており（完全情報の状態）、市場への参加に障壁がないことなどが条件としてあげられます。

　完全競争市場の売り手と買い手には、市場で決定される価格が与えられます。両者ともにプライス・テーカー（価格受容体）です。企業競争の理

論的モデルとしては代表的ですが、実際の経済活動の中でこのような状況になっていることは通常あり得ません。しかし、企業の行動は完全競争モデルが基本となりますので、重要なモデルです。

完全競争市場に少しでも近づくために、EU（欧州連合）やTPP（環太平洋経済連携協定）といった組織や協定があります。国家間で協定や条約を締結し、完全競争に少しでも近づいた市場をつくるためにルールづくりが行われています。

1-4-2 経営者支配モデル

経営者支配とは、株式会社の所有者である株主から自立した経営者による会社経営のことです。

中小企業では経営者と所有者はほとんどのケースで同一ですが、会社の規模が大きくなるにつれ、所有者と経営者の分離が発生します。株主の複数化と高度な経営能力の必要性から、株式会社のオーナーである株主による支配から、徐々に実際の経営の権限は経営者へと移っていきます。そして、会社の経営に関して経営者が株主から自立して運営を行う、所有と経営の分離が進んだ状態を「経営者支配」と呼ぶようになります。この形態のことを経営者支配モデルといいます。

経営者の関心事は、企業の利益と成長です。株主は、株価の上昇と配当を確保するために、企業の成長とマーケット・シェアの拡大を期待します。経営者は企業内部の管理と組織化に注力します。大企業では経営者個人の力量も大切ですが、組織づくりとその管理方法がより重要になります。

大企業が経済の担い手になる社会では、政府の政策も重要になります。政府に期待し始めると、大きな政府となる傾向が出てきます。ケインズ政策（有効需要の原理）による公共工事、税制、財政、金融政策が企業の成長の後押しをします。しかし、最近は、ケインズの経済政策に需要が反応しなくなっており、新たな局面を迎えています。

1-4-3 現代企業モデル

　現代社会では、企業は利潤を生み出すだけの存在とは捉えられなくなっています。企業規模が拡大し、他の社会的目的を有する存在と考えられるようになったからです。経営者は企業単体のことのみを意識するのではなく、より幅広い社会的義務を考慮した決定をなすべきであると考えられるようになりました。会社を所有しているのは株主ですが、多くのステークホルダー（利害関係者）、消費者や地域住民など多様な人々に奉仕するための社会的機能の形態が考えられるのです。現代企業には、地球環境問題、製造物責任（PL）問題などに代表される非経済的要因を含んだ社会的責任が発生しています。現代企業モデルは、このような考え方で成立しています。

図表1　企業の競争モデルの特徴

	完全競争モデル	経営者支配モデル	現代企業モデル
市場	完全競争	寡占	有効競争
目標	短期的利潤最大化	成長率重視	長期的利潤最大化
責任の発生源	供給責任	経営者の合理的方針	非経済的要因増大
企業への影響力	市場	株主	利害関係者の全体のバランス
政府の役割	警察と消防などの一部公共サービスのみ	大きな政府	規制緩和

第 2 章
企業の定義
(企業実態を知る)

2-1 会社法から見た会社の形態

　法律（新会社法）では会社の形態を、株式会社、合同会社、合名会社、合資会社の4つに区分しています。日本の会社の90％以上は株式会社と有限会社ですが、2006年5月施行の新会社法（商法改正）により有限会社はなくなりました。これまでの有限会社は定款変更や再登記の手続きが不要となり、株式会社と同様に扱われます。また、合名会社、合資会社、合同会社の3つを「持分会社」と呼び、多くの共通規定が用いられています。主な特徴は、図表2のとおりです。法務局で商業登記簿謄本を取ることによって、その形態や住所、代表者名などを確認することができます。

(1) 合資会社

　ともに1人以上の無限責任社員と有限責任社員によって構成されます。ここでいう有限責任社員とは、その事業の経営には参加することはできない、またはしたくないという場合、出資だけの形で参加する社員のことです。有限責任社員は、会社の債務に対して間接的、かつ出資額を限度として責任を負い、たとえ会社が倒産しても私的財産によって責任を負う必要はありません。合資会社が合名会社と違う点は、この有限責任社員がいることで、それを除けば合名会社と同じです。

(2) 合名会社

　合名会社は、会社組織の中でも最もシンプルな作りの会社で、2名以上の**無限責任社員**で構成されている会社です。設立手続きが簡単で、取締役・監査役などの機関をつくらなくてもよいのです。無限責任社員全員で話し合って決める運営の自由度の高さが特徴です。出資者である無限責任社員は、仮に会社が倒産すると無限の人的責任を負うため、会社の財産で会社の債務を完済できないときは、私的な財産まで放出して責任を負うことになります。

（3）合同会社

新会社法で新たに追加された形態が、合同会社です。合同会社の社員は、対外的に有限責任のメリットを享受できます。また社内においては、合名・合資会社と同様に自由に内部組織、利益配分、経営方針などを決められます。設立手続きが簡単で、後で株式会社への組織変更を行うことも容易です。例えば、専門知識や技術力を持っているが資金のない人を、人的資産重視で会社に迎え入れ、自由に利益配分をすることができます。

（4）株式会社

事業を開始する際、多額の資金を必要とする場合、多くの人から出資を募るために株式を発行し、それによって集めた資金で事業を行う法人を株式会社といいます。経営者と出資者が別人でも構わないため、経営能力がある人は自己資金が少なくても、株式の発行により資金を集めて事業を行うことができます。株式会社は一般的に信用性が高く、資金調達、人材の確保もしやすいなど様々なメリットがあります。日本の会社組織の中で圧倒的に多いのが株式会社で、新会社法の施行により、取締役が1人、資本金1円でも設立できるようになりました。

図表2　会社形態の種類

	株式会社	合同会社	合名会社	合資会社
法律	会社法	会社法	会社法	会社法
最低資本金	1円以上	規定なし	規定なし	規定なし
資本金の単位	1株	なし	なし	なし
出資者の数	1名以上（発起設立） 2名以上（募集設立）	2名以上	2名以上	2名以上
定款の認証	要	要	不要	不要
出資者の責任	有限責任	有限責任	無限責任	無限と有限
最高決議機関	株主総会	全社員の同意	全社員の同意	全社員の同意

（次のページに続く）

	株式会社	合同会社	合名会社	合資会社
監査役の設置	（1）取締役会非設置会社の場合は、設置は任意 （2）取締役会設置会社の場合は、置かなければならない （3）取締役会設置会社であっても、株式譲渡制限会社で会計参与を置く会社の場合は、監査役を置かないことも可能	なし	なし	なし
監査役の任期	原則4年（地位の安定のため） 株式譲渡制限会社であれば10年まで伸長可能			
取締役	取締役会設置会社の場合は3名以上 取締役会非設置会社の場合は1名または2名以上	なし	なし	なし
取締役または会社を代表する社員の任期	無期限 原則2年（上場会社の約7割は1年） 株式譲渡制限会社であれば10年まで伸長可能	無期限	無期限	
代表者	（1）取締役会非設置会社の場合は、①取締役が1名の場合は取締役、②取締役が2名以上の場合は原則として各自が代表、③2名以上の取締役の中から代表取締役を選任することも可能 （2）取締役会設置会社の場合は、代表取締役となる（複数も可能）	業務執行社員（代表社員を定めることもできる）	社員（代表社員を定めることもできる）	業務執行社員（代表社員を定めることもできる）
役員の決定方法	株主総会、取締役会など	なし	なし	なし
出資分の譲渡	原則自由 （定款で譲渡を制限できる）		全社員の同意が必要	有限責任社員の持分譲渡は無限責任社員全員の承認が必要 無限責任社員の持分譲渡は総社員の同意が必要
その他	公告義務がある			

2-2 中小企業基本法・税法から見た会社の形態

　株式会社には図表3のような分類があります。公開会社とは、株式上場会社のことではなく、定款に株式の譲渡制限がない会社です。上場会社は株式市場で株式の売買ができますので、当然公開会社です。ほとんどの中小企業は、創業者一族以外が経営に参加できないように、株式の譲渡制限を定款に定めています。

　日本の産業構造は、少数の大企業（大会社）と多数の中小企業という二重構造になっています。大会社と中小企業の定義は1つではありません。いくつかの法律によって区分されています。

　1963年に施行された中小企業基本法によると、資本金（出資金）と従業員数によって、中小企業は以下のように定義されています。

- 製造業、建設業、運搬業、その他の業種：3億円以下、300人以下
- 卸売業：1億円以下、100人以下
- 小売業、サービス業：5,000万円以下、50人以下（サービス業は100人以下）

　これ以上の規模になると、大会社になります。大会社になると規制が厳しくなり、会計監査人の監査を必要とするなど管理にコストがかかります。また、中小企業を助成するための保証協会融資の対象から外れます。

　税法上は、資本金（出資金）1億円以下（業種は無関係）が中小企業となり、法人税などの優遇措置を受けられます。会社法第2条6号では、資本金5億円以上、負債総額200億円以上の会社を大会社と定義し、会計監査人を置く義務が発生するとしています。

　大会社は資本を株式市場で調達し、多くの従業員を抱え、広く社会に影響を与えているため、法律でその経営状態を厳しくチェックされるように規制されています。業務監査や会計監査が義務付けられ、監査役（監査役会）と外部の監査法人（公認会計士）が定期的に監査を実施しています。

図表3　株式会社の分類と特徴

分類	取締役会	監査役	監査役会	会計監査人	会計参与
公開会社 （大会社）	義務	義務	義務	義務	任意
公開会社 （大会社以外）	義務	義務	任意	任意	任意
非公開会社 （大会社、 　会計監査人：有）	任意	義務	任意	義務	任意
非公開会社 （大会社以外、 　会計監査人：有）	任意	義務	任意	置く	任意
非公開会社 （大会社以外、 　会計監査人：無）	任意	取締役会 設置で必要	任意	置かない	任意
委員会設置会社	義務	設置 できない	設置 できない	義務	任意

・注1：非公開会社で、会計参与を置くときは、監査役は置かなくてもよい。
・注2：非公開会社で、監査役会を設置するときは、取締役会を置かなければならない。
・注3：公開会社とは上場会社のことではなく、定款による株式譲渡制限がない会社を意味する。

2-3　会社の信用格付け

　信用格付けとは、国債や社債などの債券を発行する発行体（国、地方公共団体、株式上場会社等）の信用リスクを簡単な記号でランク付けしたものです。つまり、債務の返済が予定どおりに行われないリスクを、簡単な記号で投資家に情報提供するものです。格付けは、発行体そのものに付けられるものと、個別の債券などに付けられるものなどが存在します。

（1）7社の格付け指定機関

　日本では、金融庁が**指定格付け機関**を定めています。2022年8月現在で、指定されている格付け機関は以下の7社です。これらの機関は、法律などで定められている国の機関ではなく、民間の会社で、独自の基準をもとに格付を行っている組織です。

①格付投資情報センター（R&I）

1985年設立。日本経済新聞社の子会社で、1975年に日本経済新聞社が社内に設けた公社債研究会が前身です。公募債市場での起債額カバー率は80%で日本一です。

②日本格付研究所（JCR）

1985年設立、資本金5億8,400万円。R&Iとともに日本で初めての格付け機関です。金融機関や流通関連業界に強く、この業界でのシェアは約70%です。

③ムーディーズ・ジャパン

1900年に米国で設立され、1909年から格付けを行っています。現在では米国だけでなくヨーロッパや日本、オーストラリアでも格付けを行い、世界の格付けの40%のシェアを持ちます。その日本法人です。

④ムーディーズSFジャパン

③と同様です。

⑤S&Pグローバル・レーティング・ジャパン

1941年設立（前身は1860年から）。米国に本社を置く投資情報会社です。株式と債券の発行体（企業等）の格付け機関として知られています。世界シェアは、ムーディーズと同様約40%です。

⑥S&PグローバルSFジャパン

⑤と同様です。

⑦フィッチ・レーティングス・ジャパン

イギリスと米国に本拠を置く格付け機関です。フランスに本社を置くフィマラックS.A.がほとんどの株式を保有しています。フィマラック傘下にある関連企業グループを総称してフィッチ・グループと呼んでいます。世界の格付けの約15%を占めます。

（2）直接金融と間接金融

格付けは、投資家に正しい発行体（国や企業）の信用情報を的確に伝えるためにあります。その重要な機能は、発行体と投資家が所持する情報の

格差を減らすことです。

　国や企業が市場から資金を調達する方法としては、大きく分けて、金融機関を利用して借り入れをする方法（**間接金融**）と、資本市場を利用して債券や株式を発行する方法（**直接金融**）の２つがあります。

　間接金融は、投資家（預金者）が銀行に預けた資金を、銀行を通じて企業などに融資するもの。したがって企業が債務不履行に陥った場合でも銀行がリスクを負うため、出資者はリスクを負いません。ただし、銀行が倒産した場合は、投資家（預金者）もリスクを負います。

　現在、定期性預金で1,000万円まで政府が保証する制度（預金保険機構による預金保険制度）があります。しかし直接金融の場合は、投資家が直接、企業などが発行した債券などを購入して資金を拠出するため、企業が債務不履行に陥った場合は、そのリスクを直接的に投資家が負うことになります。ただし、株式会社への投資は、投資金額以上に責任を負わない有限責任です。

（３）格付けの必要性

　銀行による間接金融の場合、融資先の信用リスクは、金融機関の専門のアナリスト（専門知識を持つプロ）が取引先の財務分析やヒアリングを行うことにより判断します。一方、直接金融（投資家）の場合（特にほとんどの個人）は、少しの学習や調査では専門家並みの知識を持つことはできません。つまり、国や企業などの発行体と投資家との間に、投資関連情報の格差が生じます。発行体と投資家の間に情報の格差が存在しない状態が理想ですが、現実的には無理です。そこで、投資家が発行体の信用リスクを完全に知っている状態に近づけるために格付けが存在します。

　投資家が投資リスクを完全に知っている場合には、投資家はその信用リスクに応じて利回りを決定すればよいことになります。利回りに差を付けることで、異なる信用リスクを持っている発行体の債券であっても、期待利回りを同一にすることができるからです。また、逆に、発行体の信用リスクがわからない場合は、想定される信用リスクに応じて市場が利回りを

第2章 企業の定義（企業実態を知る）

図表4　長期債および発行体格付けの格付け記号

信用リスク	格付け	状態
信用力が高い ↑	Aaa	信用力は最も高く、多くの優れた要素がある
	Aa	信用力は極めて高く、優れた要素がある
	A	信用力は高く、部分的に優れた要素がある
	Baa	信用力は十分。環境の大変化時に注意する要素がある
	Ba	信用力は当面問題ないが、環境変化時に十分注意すべき要素がある
	B	信用力に問題があり、絶えず注意すべき要素がある
	Caa	債務不履行に陥っているか、またその懸念が強い。債務不履行に陥った債権は回収が十分に見込めない可能性がある
↓	Ca	債務不履行に陥っているか、その懸念が極めて強い。債務不履行に陥った債権は回収がある程度しか見込めない
信用力が低い	C	債務不履行に陥っており、債権の回収はほとんど見込めない
債務不履行に陥っている	D	債権は回収不能である

要求します。

　発行体の情報が正しく投資家に伝わっていないと、信用リスクが低い発行体に対しても高い利回りを要求するエージェンシー・コストが発生することがあります。そのため信用リスクの情報を提供する格付けは、市場を円滑に運営するためにも重要なものなのです。

2-4　会社の信用調査

　格付け機関ではありませんが、企業の信用調査情報を提供する会社というものも存在します。帝国データバンクや東京商工リサーチなどが代表的な信用調査会社です。これらの会社は、主に企業信用調査（支払能力の調査）を行います。

　この企業信用調査とは、企業間の商取引に際し、相手方の資産状態、営業成績、対外信用などの実態を調べるもので、日本の商取引のほとんどが信用取引という形で行われています。

　この信用取引は、商品の納入時に代金を受け取るのではなく、締め日に

対する支払日または約束手形の期日をもって、はじめて現金が手元に入る仕組みになっています。このため、商品を売った後、現金化されるまでの間に一定の期間が生じ、その期間に販売先が倒産して代金を回収できなくなるリスクが常につきまとうことになります。そのようなリスクを回避するために信用調査（支払能力調査）が必要となるのです。

　信用調査は、財務データの分析だけではなく、事業の経歴、経営者の経営手腕、主要取引先、主要仕入先、業界内での風評、所持する特許等の知的財産権などにまで及び、多面的な分析がなされ、企業調査レポートには100点満点の評点でその信用状態が表記されています。

　信用調査には、スピードや調査方法によって違いがありますが、調査料金がかかります。しかしこの調査をすることで、企業規模や財務データからではわからない、実地調査による企業情報が入手できるので、非常に大切な情報といえるのです。

第 **3** 章

企業の統治

3-1 経営理念とビジョン

3-1-1 経営理念の意義

　企業が成長し、ライバル企業との競争を勝ち抜いていくためには、経営者が示す経営理念が非常に重要になります。経営理念を社内に徹底し、その会社に従業員が自然と協力する体制を構築することで、よい社風や企業文化が生まれてきます。経営理念は普遍的なものなのです。

　企業には、定款に定められた事業を行って利益を上げるだけではなく、社会に貢献する社会的公器となることも求められます。経営理念とは、その行動規範となるものです。

　例えば、プロサッカーリーグのチームが試合をするとき、相手チームに勝つことだけが目的ではありません。勝っても負けても応援してくれるサポーターが楽しめる試合をすることも重要です。他にも、地元チームを応援したくなるような仕組みや地元に愛される日ごろの対応なども必要になります。これらのことを実現するためには、チームの選手やスタッフ一人ひとりに経営理念が行き届いていないと実現できません。安定して応援してくれるサポーターをつくることで、プロチームとして安定した観客を獲得することができ、その結果として収支のバランスのとれた黒字チームが完成します。現在はより大きな、あるいは世界的な社会貢献（SDGs、カーボンニュートラルなど）を求められるようになりました。この流れについては後述します。

　会社は自然物ではありませんが、生きているといえます。長年の経営による、生産、販売、サービス提供の行動で、会社には個性が生まれます。これが社風で、企業文化となります。トップマネジメントによって全従業員が共有できる価値観や規範を導き出し、その規範に沿った行動が自然に出てくるように経営者として誘導することが大切になります。企業文化が根付いている企業は、それ自体が大切な経営資源となるのです。

3-1-2　中期的な到達点を示すものがビジョン

　経営理念（mission：使命）とは、経営トップの交代や環境変化があっても簡単に変更されることのない、企業の長期的・普遍的な価値観や存在理由を体現するものです。経営者が経営理念を明確に定めることによって企業は長期的な目標を明確にすることができ、従業員は働く目的を共有できるようになります。

　ビジョン（vision）は、経営理念を前提にして、望ましい組織の将来像を具体的に示すもので、変化の激しい時代では中期的なものになります。経営理念で規定された企業の経営姿勢や存在意義を考慮しながら、中期的な到達点または目指す将来像を投資家や従業員、社会全体に示すことです。

　ビジョンは、経営理念をもとに、時代に合わせた経営戦略や人・組織の現実のマネジメントと一貫性・整合性がとられていることが重要です。そして経営戦略においては、全社戦略や各戦略レベルで、経営理念やビジョンと現実とのギャップを埋めることが重要になります。つまり、具体的な方法論が示されている必要があるのです。

　人・組織のマネジメントにおいては、経営理念とともにビジョンが明示されます。経営理念に沿ったビジョンを掲げ、従業員はそれを組織として尊重し、具体的な施策を通して行動する手法を伝えていく必要があります。こういった一貫性、整合性がとられていない場合には、投資家や従業員、社会全体からの信頼を失い、ビジョンを達成することが困難になります。

3-2　コーポレート・ガバナンス

　コーポレート・ガバナンスとは、企業統治のことです。大企業は、経営者が会社を支配しています。そして、その経営者は企業として利潤を上げながら、会社法や金融証券取引法などの法規制や証券取引所のルールに従い社会的責任を果たしていかなければなりません。社会に大きな影響を与

える大企業の企業統治はどうあるべきなのでしょうか。

　中小企業にも同様のことがいえますが、社会に与える影響力が限定的なので、ここでは主に大企業について考えていきたいと思います。

3-2-1 …… コーポレート・ガバナンスに関する Q&A

　コーポレート・ガバナンスを考えるにあたり問題となる事項について、Q&Aの形で見ていくことにします。

Q. 会社には、ステークホルダー（利害関係者）が大勢いますが、誰の利益を優先して経営すべきでしょうか？

A. 日本では、長らく株式の持ち合いが一般化し、相対的に株主軽視の経営が継続しました。その反省から、原則の株主重視のスタイルに戻りつつ、株主、債権者、従業員、地域社会、環境などを含めた社会の公器としての社会的責任を重視した考え方に拡大しつつあります。

Q. 経営者にどこまで権力を集中し、その牽制（けんせい）手段をどのように整えればよいのでしょうか？

A. 従業員から出世した頂点の地位としての取締役ではなく、経営者を相互に取り締まる取締役本来の役目を果たし、監査役がその独立した立場で、会計監査人とともに会計・業務監査をすることを徹底することが大切です。また、新たな制度が多数導入されています。つまり、出世の頂点としての取締役の数が多すぎて取締役会が機能しなくなり、**執行役員制度**や**委員会設置会社**が創設されました。また、別の牽制システムとして2004年に**公益通報者保護法**が成立し、2008年に金融商品取引法が改正され、株式上場企業に、他の財務諸表に加えて**内部統制報告書**が義務化されました。内部統制を構築することが、企業の代表取締役に対して法律で明確に規定されたのです。

第3章 企業の統治

Q. 経営者の権力支配の正当性とは何でしょうか？
A. 経営者は会社の所有者である株主から、会社の支配者としての地位を正当に得ています。現在では、経営者は会社の所有者であることを超えて、社会制度の中で会社を機能させる指揮官として捉える考え方があります。この権力の支配をチェックするために、社外取締役や社外監査役が株主総会で同時に選任されています。企業情報の開示を進める必要もあります。

Q. 資本主義社会では、会社は株主のもので、企業価値の最大化が大前提となります。その根本的な考え方がガバナンスを考える上で重要になりますが、地域経済や環境を重視する考え方も存在します。そのバランスをどう考えたらよいのでしょうか？
A. 大企業になると、社会的影響力が飛躍的に高まります。株主から利害関係者へという責任拡大の流れをさらに進めて、地域社会や環境をよくする（具体的には犯罪の撲滅や自然環境の保全、芸術・文化の振興といった社会貢献活動を行う）などの企業市民的な発想が生まれてきます。社会貢献は、直接的な企業利益にはつながらないと考えがちですが、労働者のレベル向上、企業のイメージアップなどから、企業の評価も上がります。長期的に社会をよくする社会貢献は、企業のメリットになります。ただし、次のような批判の声もあります。
　「企業利益は、株主（所有者）に帰属し、経営者が他の用途に流用してはならない。経営者は経営のプロフェッショナルで、経営以外の領域に進出すべきではない。最終的に商品・サービス価格に転嫁され、消費者の非利益につながる」
この批判は、伝統的な少し古い企業観から来ていると考えられます。

Q. 日本の経営者が外国の経営者と異なる点は何でしょうか？
A. 最も大きく異なる点は、第1章で説明した「日本的経営」に見られます。それ以外では、経営者たちの報酬です。欧米諸国の経営陣の報酬は軽く

1億円を超え、10億円を超えることも珍しくありません。一方、日本では大企業のトップでも1億円を超える人は数えるほどです。

Q. ストックオプション（新株予約権）の利用とは何でしょうか？
A. 株価の上昇が役員や幹部従業員の収入アップにつながるように、あらかじめ役員や幹部従業員に自社株を購入する権利を与えることです。通常の給料や報酬は、ストックオプションの付与で抑えることができます。また、役員等のやる気を引き出すことができます。企業からすると、株価の変動と人件費とは無関係なので、コストのかからない人材確保、または人材の流出防止手段になります。

3-2-2　企業の不祥事

　日本のコーポレート・ガバナンスを見ていく上で、まず日本の経営者がとってきた行為の歴史や不祥事例を見ることが重要になります。不祥事が起こるたびに、その都度、改善されています。どこがどのように改善されて現代に至ったのかは、今後不祥事を起こさないためにも、社内牽制手段を構築する上でも重要です。不祥事がなくならないことも事実ですが、規制を必要以上に厳しくすると、企業の本業以外の間接コストを上昇させてしまいます。

　図表5に挙げたものが、1995年以降の比較的大きく世間を驚かせた不祥事です。2009年12月に東京証券取引所は、独立役員（社外取締役、社外監査役）を1名以上確保することを企業行動規範として規定しました。これは監視体制を強化する方針を打ち出した事例です。

　2021年6月のコーポレートガバナンス・コードでは、上場会社は「独立社外取締役を少なくとも2名以上選任すべきである」（原則4-8）としていますが、これは上場会社に2名以上の独立社外取締役の選任を義務付けるものではありません。選任しない場合は、その理由を述べれば足ります。

図表5　主要な企業不祥事

発生時期	違反企業名	事件
1995年	大和銀行	ニューヨーク支店の変動金利債取引による巨額損失事件
1996年	住友商事	銅の先物取引による不正取引事件
1997年	野村証券等4大証券	総会屋への利益供与事件
1997年	味の素	総会屋への利益供与事件
1998年	ヤクルト	デリバティブ取引による巨額損失事件
1998年	日本長期信用銀行	粉飾決算
1999年	日本債券信用銀行	粉飾決算
2000年	雪印乳業	食中毒事件
2000年	三菱自動車工業	リコール隠し
2001年	米国エンロン	会計操作事件
2002年	雪印食品	牛肉偽装事件
2002年	米国ワールドコム	会計操作事件
2002年	東京電力	原発トラブル隠し
2003年	武富士	電話盗聴事件
2004年	西武鉄道	総会屋利益供与事件
2004年	三菱ふそう	トラック・バスのリコール隠し
2005年	カネボウ	粉飾決算事件
2005年	ヒューザー	耐震強度偽装事件
2006年	ライブドア	証券取引法違反
2006年	村上ファンド	インサイダー取引
2006年	パロマ	一酸化炭素中毒事件
2007年	赤福、白い恋人	賞味期限改ざん
2007年	不二家	賞味期限切れの原料使用
2008年	三笠フーズ	事故米不正転売事件
2009年	幻冬舎	横領事件
2010年	障害者団体「凛の会」	障害者郵便制度悪用（郵政不正事件：検察庁が証拠捏造）
2011年	オリンパス光学工業	巨額損失隠し事件
2011年	大王製紙	巨額借入事件
2011年	東京電力	原発事故責任
2012年	野村証券	インサイダー取引
2013年	カネボウ化粧品	ロドデノールによる白斑症状（製品瑕疵）
2015年	タカタ	エアバッグ不具合
2015年	東芝	長期に及ぶ不適切会計
2017年	神戸製鋼所	品質検査データ改ざん
2018年	スルガ銀行	不正融資
2019年	かんぽ生命保険	不適切販売
2021年	アクアライン	度重なる特定商取引法に違反する行為（水道修理）
2021-22	みずほ銀行	システム障害
2022年	日野自動車	エンジン不正問題 - 燃費並びに排ガス規制値改ざん
2022年	KDDI	システム障害

3-3 企業文化を育む

3-3-1 企業文化とは

　企業文化とは、それぞれの企業が独自に持っている体質や社風、企業風土などの個性のことです。この企業文化は、伝統的なものの影響を強く受けている場合と、企業のトップの個性に強い影響を受けている場合があります。それぞれの企業の従業員に対する人事考課を例にあげると、減点主義の企業では守り重視の体質に、加点主義の企業では攻めの体質になることが多いようです。企業文化は、外部に対しての企業イメージとなります。

　企業文化は、組織を1つにまとめ、従業員が正しい方向に向かう動機を与えます。多くの優良企業は、企業文化をうまく育んでいます。企業文化とは、成功につながる環境をつくる価値観や考え方、行動方式のことなのです。

　市場で勝ち抜くための企業文化の醸成は、経営管理の手法の1つとして企業戦略と同じくらい重要なものです。企業文化のない企業は卓越した業績は上げられないともいえるのです。

　企業文化を育むためには、まず創業者の経営理念、既存の価値観や伝統に基づく企業独自の体質や精神を明確にすることが大切です。その好例がトヨタの提案制度です。トヨタでは毎月、必ず何らかの改善提案を、期間労働者を含めた全従業員が提出します。その狙いは、品質やコスト効率に対する姿勢を従業員に徹底し、日常の活動に取り入れることにあります。すべての従業員が自社の価値観や優先課題を見分けられるような、強い環境づくりを構築することが大切になるのです。

　また、そういった体質や精神を、自社の顧客への対応や収益を向上させるための手法として定着させる規範や動きも大切な文化となります。このような企業の従業員は、社内政治より、顧客や競合他社を視野に入れるという健全な姿勢を保つことができるようになります。会社全体の業績に対

して当事者意識を持つ従業員が育つとともに、官僚的な議論より、実際に動くことを重視する従業員が増えるのです。

　企業に正しい文化を浸透させることは容易ではありません。多種多様な従業員の考え方や行動習慣を根本から変える必要があるからです。強い企業文化を築き、維持している企業は、様々な方法で文化を構築しています。

3-3-2　ES（従業員満足度）とは

　ES（Employee Satisfaction：従業員満足度）とは、近年、マーケティング戦略の中に取り入れられたCS（Customer Satisfaction：顧客満足度）に対比される概念で、業務内容や職場環境、人間関係などに対する従業員の満足度のことをいいます。通常、業務の内容だけでなく、従業員が感じている職場の環境、人間関係（上司・部下・他部署との連携）などを総合して、数値化して判断します。

　ESの向上とは、従業員が働くことで満足感を得られるような環境を、企業の戦略として積極的に整備していくことをいいます。企業は従業員満足度の向上のために、様々な施策を実行し、支援していくのです。具体的には、給料や待遇面だけでなく、企業のビジョンや方針、上司のマネジメント、企業風土、企業文化、コミュニケーションなどの改善も含み、その内容は多岐にわたります。企業がESの向上に取り組む理由は、従業員のモチベーションを高めて、従業員の能力向上を促進することにあります。その結果、企業の業績が上がり、企業価値も高まるのです。このESという概念は、低成長期の厳しい経営環境の中で改めて見直されてきています。

　近年、難しい就職試験を突破して就職したにもかかわらず、短期間で会社を辞めてしまう若者が増加しています。従業員が自分の成長を実感しながらも、企業に属することでの満足感を得られていないことが原因です。また、自分の能力や、やりたい仕事への希望と現実のギャップを感じているのです。

長期的に企業価値を高めるには、従業員満足を高くすることで、継続して優秀な人材を確保することが必要です。また、経済環境が高度化しているので、従業員にはスキルの積み重ねが必要です。ESを向上させる組織や仕組みを企業内に構築しなければ、成長が望めません。そこで企業は、定期的に経営理念、経営方針、仕事内容、仕事の環境、教育機会、自己の成長など、テーマごとに設問を設定したアンケート等の調査を従業員に対して実施し、ESを測定します。そして、その結果に基づいて、悪いところを特定し改善していきます。組織が硬直化して、一部の改善では修正できないときは、大きな組織改編が実行されることもあります。それだけ、ESの概念を取り入れた経営は重要視されているのです。

3-3-3　CS（顧客満足度）とは

　CS（Customer Satisfaction）とは、顧客満足度のことです。企業は、顧客が自社の製品やサービスにどれだけ満足しているかを数値化して把握し、顧客との関係を発展させていきます。はじめにCS調査を行い、顧客満足の数値化を行います。次に、事前に作成しておいたマニュアルに基づき、顧客満足を高めていきます。

　CSは企業のマーケティング戦略として、1990年代に盛んに取り入れられました。そうした中で過度のマニュアル化が進み、企業独自の個性がなくなったり、顧客満足を上げる競争でサービス過剰現象が起こったりするなど、企業経営を圧迫する弊害も一部で発生しています。こうした弊害を防ぐには、まず、CSとは顧客至上主義ではないということを理解し、CSは売上につなげるマーケティング手法の1つであることを確認することが大切です。顧客満足度向上の活動を、売上増大のプロセス構築につなげていくことが重要となります。

　具体的には、来店客へのアンケート、インターネットによる市場調査、苦情受付窓口の設置などにより、何らかの形で顧客の自社に関する感想、イメージ、苦情などを集め、その解決策を策定、実行することでCSを向

上させます。しかし、実際に顧客の本音を収集することは難しく、CS向上活動を経営に生かすには、相当の努力が必要になります。そこで必要になるのが顧客満足度を向上させる取り組みをサポートする仕組みづくりで、総合的な活動が要求されます。単純なマニュアル作成だけでは成功しません。形式だけでは顧客は満足しないのです。

　昔から、顧客を満足させることは商売の基本です。顧客の将来にわたって期待に応える、気持ちのこもった仕組みをつくり上げなければなりません。顧客を継続的に取り込む手法がCSを向上させるのです。

3-3-4　CSの影響

　CSによって、経営にどのような影響があるかを考えます。

　まず、満足度の低い人（不満のある人）は、ほとんど何も苦情は言いません。次回から商品・サービスの購入をやめるだけです。苦情を言ってくるのは、ほんの一部の顧客だけだということを理解しなければいけません。

　次に、商品・サービスに不満のある人が伝える、悪い口コミ情報が周囲に広がります。企業にとって、よい情報よりも経営に大きな影響を与えてしまうことが多いといえます。満足した人は、よい商品・サービスを周囲に積極的に伝えませんが、満足しなかった人は、その内容を周囲に話すことが多いからです。

　逆に、満足した顧客は固定客となり、継続的な売上が期待できます。そこで、よい情報を周囲に伝えてもらう仕組みを構築できれば、新規顧客の獲得につながります。顧客の満足は、将来にわたって継続的に売上に反映していくのです。特に、悪い情報が口コミで流されると潜在的な将来の顧客を失ってしまいます。企業にとって、顧客の満足度を高める活動は大変重要な意味を持っているのです。

3-4 財務会計の仕組み

　企業経営を行うには、売上から利益を生み出し、それを永続的に継続していかなければなりません。会社の経営状態を知るためには、財務内容を正確に把握し、経営者がその情報をもとに経営判断を下します。そのためには、経営状態を正確に記すシステムが必要になります。それが財務会計です。

　経営状態を正確に記すシステムは、まずは複式簿記により財務諸表を作成することから始まります。特に、株式上場会社は、金融商品取引法と証券取引所の規則により、財務諸表の情報公開が義務付けられています。

　日本の会計基準では、貸借対照表（B/S）、損益計算書（P/L）、キャッシュ・フロー計算書（C/S）、株主資本等変動計算書（S/S）が財務諸表に含まれます。注記も重要な情報で、その他の副次的な情報とともに開示します。企業単体について作成する財務諸表を**個別財務諸表**といい、子会社を含む企業グループを連結して１つの組織体とみなし、親会社が作成する財務諸表を**連結財務諸表**といいます。また、証券取引所の規則で、四半期決算で開示・作成するものを「四半期財務諸表および四半期連結財務諸表」といいます。

　こうした日本の財務諸表は世界から見ると、やや特殊なものとなっています。現在の世界標準は **IFRS（International Financial Reporting Standards：国際財務報告基準）** と呼ばれるものです。日本でも２０１０年度から IFRS の適用が可能になりました。世界標準を使うことで、比較を容易にするとともに、情報開示がより厳格になります。

3-5 取締役会

ここでは実際に会社を経営していく取締役会について、その役割や義務などについて説明します。

（1）取締役会の役割

取締役は株主総会で選任され、会社と経営委任契約を締結します。この取締役で構成される取締役会が、会社の業務執行の最高意思決定機関になります。こうした委任契約関係は、従業員が会社と雇用関係にある（労働を提供し給与を得る）こととは法的に異なります。取締役は、委任された業務を執行し、その代償として役員報酬を得ます。

取締役の役員報酬金額は、株主が関与する定款もしくは株主総会の決議で決められます。従業員の給与が会社の規定により決まるのとは異なっています。

取締役の中から代表取締役を選びます。代表取締役は代表権を持ち、業務執行の最高責任者として経営を指揮します。

（2）取締役の人数

2009年に改正された会社法では、株式譲渡制限会社の場合は、取締役は1名で構いません。ただし取締役会を設置する場合は、3名以上の取締役が必要です。任期は原則2年ですが、定款に定めれば10年まで延長されます。

一方、株式譲渡制限のない会社（公開会社）は、取締役が3名以上必要です。任期は2年ですが、多くの上場会社が1年に短縮しています。また、委員会設置会社の場合の任期は1年です。

（3）取締役の義務と責任

次の5項目が、会社に対する主な取締役の義務と責任になります。

①善管注意義務
　取締役と会社の関係は委任であり、委任業務に応じて要求される原則的な注意義務をいいます。具体的には、コンプライアンス（法令遵守）義務があげられます。
②忠実義務
　自己の利益を犠牲にして、会社の利益を優先するという義務です。
③競業避止義務
　取締役が、自己または第三者のために、その地位を私的に利用して、会社の営業内容と競争的な性質の取引をしてはならないというものです。
④会社に損害を与えた場合の損害賠償責任
⑤総会屋などの反社会的勢力への利益供与をしない責任

（4）取締役会の権限
　取締役会は、業務執行の最高意思決定機関として、業務執行の決定、取締役会の職務執行監督、代表取締役の選任・解任、株主総会の招集、配当金額の決定など、会社経営に関する大きな権限を持っています。

（5）監査役
　会社法で定める監査役は、日本の株式会社において、取締役および会計参与の業務を監査する機関です（会社法第381条1項）。また、株主総会、取締役（または取締役会）と並ぶ株式会社の重要な機関の1つで、欧米にはない、日本独自のスタイルといえます。
　監査役は、会社経営の業務監査および会計監査によって、違法または著しく不当な職務執行行為がないかどうかを調べ、その兆候を発見すれば阻止・是正するのが職務となります。そして、会社（監査役設置会社）と取締役の間の訴訟（その逆の場合を含む）では、会社を代表する役目も担っています（会社法第386条）。
　監査役の設置は原則として任意で、会社に存在しなくてもよいことになっています（会社法第326条2項）。ただし、取締役会設置会社（委員

会設置会社と公開会社ではない会計参与設置会社を除く）と会計監査人設置会社（委員会設置会社を除く）には設置しなければならない規定になっています（会社法第327条2項・3項）。それ以外の会社は、定款の定めによって任意に設置することができます（会社法第326条2項）。委員会設置会社では取締役会内に設置される監査委員会および会計監査人による監査を前提としているので、監査役を設置することができません（会社法第327条4項）。

3-6　委員会設置会社

（1）委員会設置会社とは

　会社法で定める委員会設置会社とは、株式会社の内部組織形態の1つで、大企業の一部で採用されています。取締役会の中に、社外取締役を中心とした指名委員会、監査委員会、報酬委員会という3つの委員会を置き、これらが、取締役会の経営と業務執行を監督する仕組みです。社外取締役とは、その会社と子会社の役員や従業員ではなかった者で、他社の経営経験者や弁護士、公認会計士、大学教授などが選任されるケースが多いようです。

　委員会設置会社は、監査役会を設置できません。実際の業務は、取締役会において選任される執行役が、取締役会から権限委譲を受けて行います。つまり、経営と業務執行を明確に分離して、経営の効率化と透明性を高めるための制度です（会社法2条12号）。

　換言すると、委員会設置会社は、従来の株式会社とは異なる企業の統治制度（コーポレート・ガバナンス）を有するものです。取締役会の中に社外取締役が過半数を占める委員会を設置し、取締役会の経営を監督する一方、業務執行については執行役に委ね、経営の合理化と適正化を目指したのです。企業の経営を監督し、意思決定を行う「取締役会」と、実際の業務の執行を行う「執行役」の2つの役割を明確に分離する手法は、米国で

採用されている組織構造を参考にしたものです。

（2）委員会設置会社の仕組みと権限

　指名・監査・報酬の3つの委員会には、取締役候補の決定（指名委員会）、取締役・執行役の職務執行に対する監査（監査委員会）、取締役・執行役の報酬決定（報酬委員会）などの権限がそれぞれ与えられており、取締役会による経営の監督が行われています。

　各委員会は3名以上の取締役で組織され、その過半数は社外取締役で構成されています。従来取締役が行ってきた業務の執行は、執行役の手に委ねられるため、取締役の権限は経営判断のみに限定されます。従来型の会社で一般的な取締役営業部長、取締役経理部長といった各部門を代表する形での取締役は存在しません。取締役会では、実質的な経営議論のみが行われ、経営と業務執行の分離が図られています。

　委員会設置会社としての公開企業は、制度開始時（2003年度）は44社でしたが、2008年には71社まで増加し、2022年は85社と横ばいの状態です。

　取締役会と委員会の権限をまとめると以下のようになります。

　・**取締役会の権限**：経営基本方針の決定、監査委員会の職務執行に必要な事柄の決定、取締役と執行役の職務執行の監督、業務執行を行う執行役の選任・解任の決定。

　・**委員会の権限**：取締役の選任・解任（指名委員会）、取締役・執行役の職務執行の監査および会計監査人の選任・解任・再任拒否（監査委員会）、取締役・執行役の個人別役員報酬の決定（報酬委員会）。

第3章 企業の統治

図表6 委員会設置会社の仕組み

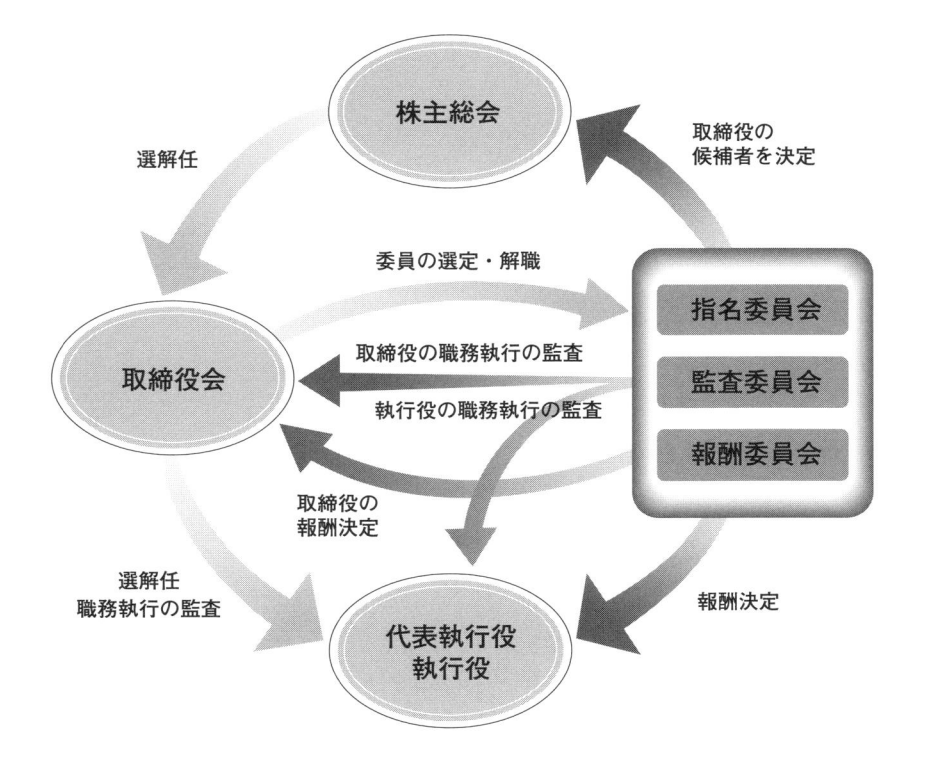

- 株主総会 → 取締役会：選解任
- 株主総会 ← 指名委員会：取締役の候補者を決定
- 取締役会 → 指名委員会・監査委員会・報酬委員会：委員の選定・解職
- 監査委員会 → 取締役会：取締役の職務執行の監査
- 監査委員会 → 代表執行役・執行役：執行役の職務執行の監査
- 報酬委員会 → 取締役会：取締役の報酬決定
- 報酬委員会 → 代表執行役・執行役：報酬決定
- 取締役会 → 代表執行役・執行役：選解任、職務執行の監査

第 4 章

企業グループ

4-1 企業の経営資源

　企業の経営資源とは、事業活動に必要となる資源のことで、人、物、資金、情報、時間を指します。この中で一番大切なものは「人」です。大企業には人がたくさん集まりますが、中小企業にはなかなか集まりません。中小企業の経営者は、大企業以上に人の大切さを熟知しています。

　企業は経営目的を達成するための集団組織なのです。限られた設備や資金、時間の中で、研究開発部門や生産管理部門の人材、さらに営業販売のための人材などを適切に配置するため、各人の素質を見抜き、育て上げ、その能力を発揮させるといった手腕が経営者には要求されます。

　大企業の有能な従業員が子会社に移ったり、その取引先に出向したり、転籍したりするのはよくあることです。ここで重要なのは、人材には限りがあり、大企業のように「代わりがいる」とは考えないことです。中小企業の経営には、優秀な人材を育てながら、得意分野を維持する選択と経営資源の集中が必要になります。

　日本の企業の多くは、これまで**ストック型経営**を行ってきました。ストック型経営とは、グループ企業を含めた設備などの経営資源を自前で揃える経営スタイルのことで、**垂直統合型**とも呼ばれます。

　一方、IT化の進展により情報機器が安価に手に入るようになると、経営資源を完全に揃えなくても、外部委託をしたりすることで全体をまとめ、生産手段をトータルで構成することができるようになりました。例えば、工場を持たない製造業（ファブレス経営）やインターネット上での商店を通して販売する仮想商店（バーチャル・コーポレーション）などがこれにあたり、中核能力（コア・コンピタンス）を確保しながら、それ以外の部分は外部資源を有効に活用しているのです。これが**フロー経営**であり、この経営スタイルを**水平分業型**と呼びます。

　大企業では、設備や資金に配慮しなくても経営可能な環境が整っている場合もあります。しかし、水平分業型よりも垂直統合型の効率が悪いこと

は明白です。中小企業は、水平分業型で成長する中国、アジアの新興国と戦うために、独自の得意分野をつくることが重要です。また、これらの外部委託を効率よく利用することで、設備投資や運転資金にとらわれずに研究・技術開発、製品企画に専念し、競争力を付ける必要があります。

　２１世紀に入り、新興国が工業力を付けてくると、大企業でもアウトソーシングが多用され、フロー経営が取り入れられる傾向にあります。研究開発と商品開発は日本の母体企業で行い、試作品は日本の中小企業に依頼し、生産工程を確立させてから中国などで大量に安く生産する手法です。今日では、これをさらに進めて、部品の開発、生産設備やラインの構築まで中国・台湾などに生産を委託するようになってきています。こうした動きは世界的に行われ、現在は東南アジア地区に工場が集結しています。

　一方で、利益を出すという経営の論理では事が運ばない事例も増加しています。投資家に利益を還元するだけでなく、従業員や地域社会に対しても、何らかの利益配分をしなければ経営が成り立たなくなってきているのです。時間軸を加えた中長期的視野での経営資源の分配は、今日、重要な経営判断になります。

　IT技術が進展し、近年はGAFAと呼ばれる企業が世界のネット上のプラットフォームを支配し、大きな利益を上げています。プラットフォームを使うことで、取引効率は劇的に向上しますが、その取引内容をすべて把握されてしまいます。その情報を人工知能（AI）で解析することで、さらに効率アップが図れます。このプラットフォームを活用する消費者や企業は、取引額の一定額がこれらの企業の利益となります。GAFAとは、Google（広告や検索）、Apple（スマートフォンとそのアプリ）、Facebook（SNS：Metaに名称変更）、Amazon（ショッピング）の頭文字です。このプラットフォーマー４傑に加えて、マイクロソフト（Microsoft：パソコンOS）、Netflix（映像コンテンツ提供）も独自サービスをもって世界で支配的なシェアを誇っています。必然的に、取引情報、個人情報が収集されます。プラットフォームを支配することで、市場独占で自由競争を阻害する可能性もあります。また、プラットフォームを

提供する企業はソフトを提供し、ハードは直接提供しません。ハードは、GAFAなどの仕様に合わせて製作されます。言い換えると、メーカーが、トップ企業であっても下請けに回ってしまうということです。例えば、今後提供される自動運転システムで、ソフト面でシステムを支配すれば、自動車製造会社は下請け企業になってしまうということです。IT分野の技術革新は凄まじいものです。従来型の発想ではなく、次世代を見据えた経営資源の配分が必要なのです。

4-2 大企業と中小企業の関係

　大企業とは、どのように定義されるのでしょうか。そもそも法律で「大企業」というものが定義されているわけではなく、中小企業基本法第2条で定義された「中小企業」に該当しない企業を「大企業」とみなすのが一般的です。ここでは、大企業と中小企業について詳しく見ていきます。

4-2-1　系列

　系列とは、企業が事業活動を行う上で継続的かつ良好な取引関係を確保するために築かれる、大企業を中心とした企業間の堅密な関係のことです。戦後、財閥が解体され、旧財閥は資本関係を失いましたが、現在もなお系列取引を通じて強い関係を維持しているのです。

　大企業と中小企業の定義については前述しましたが、日本の産業構造においては、中小企業が大切な役割を担っています。大企業が存続できるのも、その協力企業として中小企業が存在しているからです。大企業は、中小企業を系列化して下請けとし、そのモノづくりの技術に頼っている場合も多々見受けられます。大企業はファブレス経営で工場を持たず、そのほとんどすべての製作工程を中小企業に依頼する例も多いのです。

　日本の中小企業は、大企業にない小回りの利く経営と、他にまねのできない独自の製造技術などを持つところも多く、大企業と連携しながら、下

請けというよりも協力企業としてグループを形成しています。こうしたグループも系列と呼ばれていましたが、昨今は製造工程が高度化し、系列を超えた発注も増加する傾向にあります。

製造現場でも、情報技術（IT）化、さらにDX（デジタルトランスフォーメーション）化が進んでいます。機械部品、工具・消耗品、半製品製造機器まで、生産間接材の取引においてプラットフォームをつくり、系列に代わる仕組みを構築する企業が出現しています。製造現場でも大きな変化が起きているのです。

4-2-2 EMS

EMS（Electronics Manufacturing Service）とは、企業規模とは無関係に、自社では生産設備を保有せず、製品の設計・開発や宣伝・販売といった自らの得意分野に経営資源を集中し、製造を外部に委託するビジネスモデルのことです。生産工程などを主体的に請け負う会社が、EMSといわれる企業システムです。1990年代から発達した業態であり、製造のアウトソーシングといえます。

一般にいうEMSは、他メーカーから受注した電子機器の受託生産を専門に行う企業のことを指します。OEM（Original Equipment Manufacturer：相手先ブランド製造）と似たような形態をとっていますが、OEMでは設計は発注元が行い、その生産のみを受託します。一方、EMSでは製品の設計も発注元に代わって行っています。

また、系列とは異なり、条件が合えば様々な大手企業から受注します。これまでは旧来の大手電子機器メーカーなどから過剰設備となっている工場を安く購入し、そのメーカー以外からも広く受注することで回転率を上げているケースが多かったのですが、最近ではかなり高度に発展しています。

このようなモデルは操業率が高くなる分、EMSに新規に発注する企業だけでなく、工場を売却したメーカーにとっても経営の効率化が図れると

いうメリットがあります。

　パソコンなどの情報機器は共通部品が多いため、同じ部品を大量購入することによるコストダウンも期待できます。また、経営が悪化した企業が、従業員ごと工場を金融機関に買い取らせ、EMSはその金融機関から賃借して操業するなど、自社工場を所有するリスクを回避して経営している企業もあります。

　大手電子機器メーカーなどでは、商品のアイデアと基本設計を行い、台湾、韓国、中国などの企業がその基本設計に基づき独自の技術で部品開発を行い、組み立て先に納入するなど、系列とは異なる仕組みをとっているところもあります。大手電子機器メーカーは、安価で部品を製作できる中小企業を探し、国を超えた発注で、製品を全世界に供給しています。

　今後、自動車などの大型な商品でも部品やシステムが共通化し、標準化、モジュール化されると、かつてのパソコンや家電製品などと同様に劇的に価格が下がると予想されます。グローバルな観点から経済の動きを見ることが重要になります。Apple社、マイクロソフト社などは、すでにこのEMSを活用し、自社のソフトを搭載した機器を製造させ、販売し、その利用過程で大きな利益を得ています。

4-2-3　企業の経営環境

　一般に、企業の寿命は30年といわれています。なぜなら、企業を取り巻く経済・経営環境は絶えず変化しているからです。企業が生き残っていくためには、大きな経済の潮流を敏感に感知し、的確な対応策をとる必要があります。また、常に自己改革し、継続して環境に適応していくことも必要になります。

　企業が永続的に成長するには、長期的な視野に立って計画を立てることが必要です。競合相手の経営戦略の分析だけではなく、業界、金融業界、労働市場の動向など、様々な経営環境を調査・分析し、安定的な成長が図れるように経営資源を分配しなければなりません。

第4章　企業グループ

　昨今の企業を取り巻く経営環境の変化事例としては、次のようなものがあげられます。

①コンピュータ技術の進展
　情報技術（IT）が進展し、情報伝達コストが劇的に下がりました。インターネットを利用することで、様々なビジネスが可能になっています。

②国際化の進展
　経済がグローバル化し、生産拠点が海外に移転しています。国内の空洞化が進んでいる分野もあります。製造のスタイルは、根本的に発想を転換する時期に来ているのです。

③規制緩和
　政府の規制緩和の推進により、ビジネスチャンスが拡大しています。しかし、一方で、市場開放により外国企業が日本市場に自由に参入できるようになり、競争が激しくなっています。

④ボーダーレス化
　国際化、規制緩和、IT化の進展により、従来の業種、販売スタイルを超えた活動をする企業が出現しています。

⑤技術革新の進展
　エレクトロニクス、バイオテクノロジー、新素材の開発など従来の経営環境を根本から変えることが起きています。

⑥多品種少量生産方式の導入
　消費者は、大量生産・大量販売方式の製品では、そのニーズを満たすことができなくなりました。

⑦CSRへの取り組み
　企業が資本の理論で利益を追求するだけの時代は終わりを告げ、社会貢献活動を要求される時代になってきています。豊かで持続可能な社会を実現するために、CSR（Corporate Social Responsibility：企業の社会的責任）の推進が求められています。

4-2-4 ベンチャー企業の特徴

　ベンチャー企業とは、企業を取り巻く経営環境の変化を敏感に察知しながら、独自の技術やノウハウで、新しい事業を創造する中小企業のことです。ベンチャー企業を創業する起業家は、既存概念を打ち破り、チャレンジ精神に満ちています。リスクも大きいですが、今後の日本経済の発展のためには、なくてはならない存在です。

　ベンチャー企業には以下のようなタイプがあります。
- 市場の変化を見抜き、そのニーズに合った商品やノウハウを開発し、横断的に顧客を創造していくタイプ
- 大手企業が手を出さないニッチな市場を狙うタイプ
- 全く新しい技術を開発していく研究開発型のタイプ
- 大手企業の従業員が、新しい発想が会社に受け入れられないために独立するタイプ

　日本には、ベンチャー企業を公的に支援するシステムはいくつかありますが、どれも機能しているとはいえない状態です。ベンチャー企業には、立ち上げの段階から成長初期の段階まで多大な資金が必要です。起業家自らの力と人脈で成長構造を構築し、個人的に資金を調達する必要があります。ある程度成長し、その将来像が見えてくる段階に入ると、金融機関系や独立系のベンチャーキャピタルが資金を提供する仕組みがあります。米国型のような、個人的に資金調達力を持ち、ベンチャー企業を育成・支援するベンチャーキャピタリストが増加することを期待したいものです。

　しかし、実際のところ、日本でのベンチャー企業の成功率は非常に低くなっています。その大きな要因は、先にもあげたように資金調達の難しさにありますが、他にも、失敗した（倒産した）ときの救済の仕組みが弱く、世間は一度失敗した起業家に対し厳しい対応をするケースが多いこともあげられます。1999年11月、東京証券取引所にベンチャー企業用として、赤字でも将来性が認められれば株式公開が可能なマザーズ市場が創設されました。2001年には、未公開企業を中心とするベンチャー企業を主な

投資対象とする投資法人のためのベンチャーファンド市場を創設しました。2009年6月には、TOKYO AIM 取引所が開設され、2012年7月からは TOKYO PRO Market として、TOKYO AIM の市場コンセプトを継承し、東京証券取引所が市場運営を行っています。しかし、マザーズの人気は創設後数年のみで、現在は取引が活発であるとはいえません。将来を展望すると、資本主義の根幹に関わる重要な問題なので、早急な対策が待たれます。

4-2-5　企業の成長とイノベーション

（1）イノベーションとは

　イノベーション（innovation）とは、企業の経営において、新しい切り口や方針を生み出し、経済環境を新しい思考で捉え、それらを活用する方法を創造することです。単に新しい技術や発明を指すのではなく、新しい考え方が企業の活動を通して社会的に意義のある新たな価値を創造することをいいます。従来の発想を捨て去り、全く新しい技術や考え方を取り入れて新たな価値を生み出し、社会的に大きな変化を起こすことを意味するのです。

（2）経済成長に影響を及ぼす3つの要素

　経済成長は「資本」「労働力」「生産性」の3つの要素が大きな要因となります。

①資本

　資本については、日本では資本の自由化が既に進展しているので、政府による大きな規制はありません。資本主義社会では、資本＝投資で、企業は魅力ある投資対象となることが要求されます。企業努力をするなど投資の対象となるための施策が必要になります。

②労働力

　労働力の大きな要因となるのは人口です。日本の人口は既に減少傾向に

あり、将来の人口減少の予測もかなり正確になりつつあります。日本では、原則として移民が禁止されているので、就業率の低い女性の労働力が今後の経済成長に大きな影響を与えると思われます。

③**生産性**

　生産性の向上にはイノベーションが必要です。このイノベーションが企業の成長に最も大きな影響を与えると考えられます。生産性は、資本と労働力に比べて、今後大きく変わる可能性があるからです。過去の歴史を見ても、社会主義国家において、企業の成長度合いが自由主義国家に比べて劣っていた理由は、生産性が大きく悪化していたからです。成長率を資本蓄積と労働人口の増加で説明できる部分はおおむね半分以下になります。それだけ、企業の成長はイノベーションによるところが大きいのです。

（3）イノベーションの方向性

　イノベーションを説明する経済理論はたくさんありますが、共通して認識されていることは、先進国では**物的資本**の蓄積より**人的資本**の質の向上のほうが重要だということです。この意味では、科学技術や教育に重点を置く戦略は有効です。米国では留学生を積極的に受け入れ、世界各国から優秀な研究者を集めています。その中から新しい技術やアイデアが生まれ、彼らが起業することで、イノベーションが促進されています。日本では企業内で人材育成が行われていますが、より開放的に人材を育成する仕組みが必要な時期に来ているようです。

　イノベーションは、科学の新技術や新しい発想で既存技術の新しい組み合わせを構築することによって、社会に今までにない価値を提供し、新市場を開拓することです。換言すると、科学技術、研究開発への投資だけではないということです。企業は総合的な見地から新しいものを創造できる、つまりイノベーションを行うことができる人材を育成しなければならないのです。それが新しい需要拡大につながります。

　グローバル時代の到来で、世界で通用する独創性あるものを開発する重要性が増しています。近年のヒット商品を見ても、従来にない画期的な技

術が使われているというよりも、既存の技術に新しい発想で従来にはなかった機能を加えることで総合的な使いやすさを売りにしています。当然、新しい機能を付け加える部分には新しい技術が使われていますが、その方向性を示し、技術開発を促すことのできる体制そのものがイノベーションになります。

　インターネットはもともと米国の軍事技術ですが、1992年ごろから一般に広がり、今では世界中でなくてはならない情報伝達インフラになっています。そのインターネットを使って情報産業にイノベーションを起こしたのが、1994年のヤフーに始まり、前述したGAFAM、さらにはテスラ、Netflixなど、プラットフォームを構築し、世界市場で大きなシェアを確保しています。創業期には時代にマッチしていない規制や法律が存在する中で、新しい時代に必要なルールづくりを働きかけて企業が成長しています。企業の成長には、起業家精神にあふれる人材が不可欠なのです。

4-2-6　小売業と卸売業

（1）小売業の分類方法

　小売業とは、直接消費者を相手に取引を行う商店のことですが、その種類は多岐にわたり、いくつかの分類方法があります。

　まず、「有店舗か無店舗か」という視点からの分類です。店舗を構えて販売を行う**有店舗小売業**として、百貨店、スーパー、コンビニエンスストア、専門店、その他の商店があり、**無店舗小売業**としては、通信販売、インターネット販売、訪問販売、自動販売機などがあります。

　次にあげられるのは「業種店と業態店」という区分です。**業種店**とは、酒販店、雑貨店、書店など、品揃えを絞り込んだ商店のことで、**業態店**とは、販売方式、価格政策、品揃え、運営方法などで、どんな販売方法をとるかを明確にしている商店のことです。企業がどのような小売スタイルを選択するかは、その商品の特性に合わせて選択します。

図表6　小売形態の代表

百貨店（デパート）	多種多様な商品を取り扱い、しかも対面販売で商品の説明を行い販売する
スーパーマーケット	総合、衣料、食品の3形態に分かれる。価格の安さと豊富な品揃えが売りだが、百貨店と比べれば店員は少ない
コンビニエンスストア	便利さを追求し、年中無休、24時間営業で、多頻度小口配送を徹底し、単品管理で販売する
ディスカウントストア	販売価格が安いことが一番の特徴
ホームセンター	住関連の商品を豊富に揃えている
ドラッグストア	医薬品、化粧品、日用雑貨に絞った品揃えの商店

（2）小売業態の構造変化

今日、時代のニーズに対応して、小売業態の構造変化が起きていますが、まずは従来型の小売形態の代表を見ていきます。

上記以外にも、各分野の専門店、農協、生協、個人商店、商店街、ロードサイド店、ショッピングセンターなどの区分があります。また、商品ではなく価格を100円に統一した100円ショップや300円ショップ、廃盤商品やサイズが揃わなくなった商品を集めたアウトレット店も増加しています。消費者の生活パターンが変化し、1人世帯の増加や高齢化、地域差などによってニーズの変化が起きています。さらに政府の規制緩和により、様々な販売方法が生まれています。

（3）卸売業の役割

卸売業とは、メーカーや規模・専門分野の異なる同業者から商品を仕入れ、企業や個人商店（エンドユーザーの消費者以外）に販売する卸売機能を持つ業態をいいます。卸売業の規模、種類によって分類はまちまちで、流通段階によって1次卸、2次卸、3次卸と呼ばれたり、取扱商品によって総合卸売業、専門卸売業と呼ばれたりします。

第4章　企業グループ

　卸売業の基本的な役割は、商取引を通じて需給バランスを調整することです。また、取引条件（支払方法）によっては金融機能を持つこともあります。卸売業の役割についてもう少し詳しく見ていきます。
　卸売業の主な役割である集荷分散機能や在庫調整機能は、とても大切な機能です。しかし、これらのコストは物流コストとして価格に転嫁されます。そこで物流コストを削減するために、メーカーや小売業などが自ら物流施設を充実させ、積極的に進出してきています。流通・物流システムの電子化が進み、小売情報との効率的な連携が可能になり、卸売業の存在意義が薄れているのです。
　このような動きは海外との貿易でも見られます。カントリー・リスクのある国以外は、商社を通さない取引が増加しているのです。こうした動きに対して、卸売業は新たな流通ニーズに対応することが必要です。例えば、大手コンビニの物流システムに負けないような多品種少量の多頻度配送、短時間納品に対応できる物流システム、小売業や他の卸売業者とリアルタイムで情報をやり取りできる受発注システム、小売業・メーカーの双方に役立つ販売情報・消費者ニーズを伝達するシステムなどの構築が求められます。

（4）変化する小売、卸売の業態
　小売業、卸売業ともに、その業態は大きく変化しています。小売、卸売の垣根をなくして統合されたシステムや、インターネットを使った全く異なる販売形態や物流システムが登場しています。
① Amazon の事例
　米国のAmazonは、ネット通販で急激に成長しています。インターネットの普及によって1995年に誕生した会社ですが、2021年度のアマゾンジャパンの売上高は2兆5378億円（全世界の売上高は約52兆円）にも上ります。起業当初は、ネットで情報をやり取りし、在庫を持たずにメーカーから直接消費者に商品を送るといったビジネスモデルでしたが、現在では、注文の翌日に確実に配送できるように、大規模な在庫施設を世

界に数多く持つ企業に転換しています。

　Amazonの成長の要因は、消費者のニーズが価格の安さばかりにあるのではなく、商品入手の迅速さにもあることに気がついたことにあります。このため、Amazonにおける在庫の状況は、メーカーと消費者双方が確認することができ、リアルタイムでの発送・在庫管理が可能なシステムとなっています。

　この他にも、顧客が実際に購入した商品に対する評価（カスタマーレビュー）やメーカーの商品説明を見ることができるサービスを行ったり、販売価格に満足がいかない人は、その商品の中古品を購入することができるようになっています。

　こうした会社についての業態区分は小売業ですが、取扱量が増加するとメーカーとの直接取引で卸売業をカットし、かつ大量に商品を取り扱うのでメーカーとの交渉力が大きくなります。一方、メーカーから見ても自社商品の販売情報がリアルタイムで入手できるメリットがあります。また、書籍に関しては、Kindleという電子書籍で物流のいらない販売形態も定着しています。

②**資生堂の事例**

　資生堂は、日本の化粧品メーカーのトップ企業です。顧客の肌の状況や体質に合った商品を提供するために、丁寧な対面販売を重視してきましたが、2012年、新たにインターネットでの販売を開始しました。実際に目の前に顧客がいる対面販売ではないので、インターネットを使用した動画や電話を使って化粧品の使い方の指導を行っています。

　資生堂の2021年12月期の連結売上高は前期比12.4％増の1兆351億6500万円、営業利益は同177.9％増の415億8600万円です。新型コロナウイルス感染拡大の影響を受けたものの、日本を除く各地域で売上が回復しました。注力するスキンビューティブランドおよびEコマースが拡大し、成長に大きく貢献したのです。プレミアムスキンビューティ領域をコア事業とする抜本的な経営改革を実行し、2030年まで

にこの領域における世界 No.1 企業を目指し、中長期経営戦略「WIN 2023 and Beyond」を遂行しました。2021 年は「変革と次への準備」の期間と位置付け、事業ポートフォリオの再構築を中心とした構造改革および財務基盤の強化に取り組む一方、パーソナルケア事業や不採算部門の譲渡、Dolce&Gabbana とのグローバルライセンス契約解消などを行いました。また、DX 化の推進でアクセンチュアとの合弁会社資生堂インタラクティブビューティーを設立し、デジタルマーケティング戦略強化のため、中国テクノロジー大手 Tencent（テンセント）グループとの戦略的パートナーシップを締結しました。加えて、生産・物流体制を強化し、西日本物流センターも本格稼働させ、これらの結果、増収増益につながりました。通信販売や訪問販売といった卸売業者を使わないルートを主力販売とする化粧品メーカーが多い中、資生堂は小売業を通じての販売が中心でした。しかし、市場全体が縮小する中、従来型の販売形態だけではなく、より幅広い販売手段を用意しなければならない状況になったため、ネット利用の抵抗感がない若年層をターゲットに新たな顧客の獲得を目指したのです。

　さらに、資生堂は中国での拡販で成功しており、既に売上高の 1/3 を占めるほどになっています。中国の都市部では百貨店を中心に、地方では化粧品専門店での販売網を構築しました。続いて、薬局チャネルの販売網構築にも着手しています。一方、中国では、中国人の肌や嗜好に合わせた小売戦略を継続しています。

　このように、小売販売の戦略は、国や地域特性に合わせて顧客ニーズをくみ取ると同時に、販売チャネルやルートの選択とそのタイミングが大切です。

4-2-7　日本的商習慣

（1）日本的商習慣とは

　日本特有の商習慣を知ることは、企業の経営上、とても重要です。日本

に商習慣があるように、海外にもその地域独特の商習慣が存在します。

通常、商習慣に従って取引をすることは、「メーカー→卸売業者→小売業者」の取引を円滑に進めることができ、その継続が容易になります。しかし、経済環境が変化し、新しいIT技術が進展する中では、既存の商習慣に合わせて取引をすることが必ずしもよいとは限りません。全く新しい取引システムや、販売戦略が効果的なこともあるからです。

以下に、日本独特の主な商習慣について簡単に説明します。

①**建値制**

製品の販売価格をメーカーが決めて、その価格に従って小売店が販売する方式です。一般的には小売店が販売価格を決めていますが、このシステムの場合は、小売店ではなくメーカーが販売価格を決めるのです。建値制では、どの小売店でも同じ価格で販売されるため、末端価格を硬直させる恐れがあります。

②**返品制**

売れ残った商品を、小売店がメーカーや卸売業者へ返品することができる商習慣です。メーカーや卸売業者は返品を予想して納入価格を決定するので、その分、割高な納入価格になり、公正な価格での取引でなくなる恐れがあります。一方、返品ができることで、小売店としては商品を多めに仕入れ、品揃えを充実できるという利点もあります。

③**派遣制**

メーカーや卸売業者が自らの費用負担で人材を雇い、派遣店員として小売店に送り込む制度です。派遣店員は、小売店で自社の製品を積極的に勧めるため、不公正な取引になりかねません。小売業者は販売員の確保という面で一時的に助かりますが、長期的には販売体制の弱体化につながります。

④**リベート制**

継続的な取引の中で一定数量を販売すると、割戻しや歩戻しと呼ばれる販売実績に応じた返金をするシステムです。リベート制においては、メーカーが小売業者に対して自社製品に販売を絞り込ませたり、価格支配を行

ったりする可能性が出てきます。

⑤一店一帳合制(ちょうあい)

同一メーカーの製品は、決まった1つの卸売業者からしか仕入れられないという制度です。卸売業者の競争を阻害し、公正な競争がなくなります。

⑥掛け販売制

商品代金の支払を一定期間猶予する販売方法です。こちらは海外でも通常の取引形態ですが、日本では少し行き過ぎたケースがあるようです。小売業者からすると、商品を販売した代金で仕入れ代金を支払うことができますが、売掛期間と買掛期間の差が大きい場合、大きな立替資金が発生します。また、新規取引業者に対しては現金販売が一般的であるため、新規参入を拒む要因になります。商品だけではなくサービスでも使われることがあります。

（2）崩れつつある日本的商慣行

前項であげた伝統的な制度は、メーカー、卸売業者、小売業者の間の取引を安定的にして円滑に進めるためのものです。しかし一方では、その不透明さや非合理性が指摘されています。

当然ながら、こういった取引形態から発生するコストは商品の販売価格に上乗せされます。1991年に公正取引委員会が「流通・取引慣行に関する独占禁止法上の指針」を出し、独占禁止法違反となる場合のガイドラインを公表しました。その後、外国からの市場開放圧力や政府の規制緩和策などにより、メーカー依存体質から消費者中心体質へシフトしつつあります。その代表的な事例としては、家電製品の流通経路があげられます。

従来は、日立、東芝、パナソニックなどの大手メーカーが主導権を握り、その系列販売網を全国に整備して小売を支配していました。しかし現在では、ヤマダ電機やビックカメラなどの大手量販店において、すべてのメーカーの製品を仕入れることは可能で、消費者は現物を見比べながら購入することができます。いまだにメーカーの力が強く、流通や小売を支配している自動車販売業と比較すると、その違いが明確になると思います。

現在はインターネットの普及や宅配業者とコンビニの提携など、小売を取り巻く環境が大きく変わっており、中古商品の販売などを含めて新しい流通システムがどんどん登場しています。経済が成熟し、家庭における生活必需品は既に行き届いています。消費者ニーズは多様化・個性化し、商品の価格戦略だけでは商品は売れません。価格破壊が起きてメーカーの利益が減らないように、流通市場環境が劇的に変化しているのです。

　しかし、このように日本的商習慣が崩れていくということは、新しいシステムを構築するチャンスでもあります。新しい流通システムのカギを握るのは、情報の精緻な収集と経営戦略の融合、さらに、共同配送システムなどの効率的な物流システムの構築です。他にも、今後の高齢者の増加に対応した新たなシステムなども要求されると思われます。

4-2-8 会社の倒産

　倒産とは法律用語ではなく、一般的には企業経営が行き詰まり、期限の到来した債務が弁済できなくなった状態を指します。具体的には、以下にあげる6つのケースのいずれかに該当する場合です（①②が任意整理と呼ばれるケースで、③④⑤⑥は法律に基づいた法的整理です）。

　①決済資金の資金繰りがつかず、銀行で半年間に2回不渡りを出し、
　　銀行取引停止処分を受けたとき
　②企業の代表が倒産を認め、自主的に内整理（法的手続によらない倒産
　　処理手続き）に移行したとき
　③裁判所に会社更生法の適用を申請したとき
　④裁判所に民事再生法の手続き開始を申請したとき
　⑤裁判所に破産を申請したとき
　⑥裁判所に特別清算の開始を申請したとき

倒産は、
- 会社を清算し消滅させる清算目的型
- 事業を継続し、債権者の同意を得ながら債務カットを行って経営を立

て直し、残った債務を弁済する再建目的型に分けられます。

　上記の③、④は、後者の再建を念頭に置いての手続きです。しかし、いずれのケースにせよ、企業の株主、取引先、従業員などの利害関係者に多大な被害を与えてしまいます。

　倒産原因のほとんどが売上不振による減収ですが、会計上の利益が計上されているにもかかわらず、取引条件の失敗で資金繰りがつかなくなる黒字倒産もあり得るので、経営者は十分な会計の知識を持つことも重要です。さらに、経営者は、日ごろから取引先に対する与信残高などをチェックし、他の会社と連鎖倒産しないような対策をとる必要があります。そのためには、取引先ごとの契約内容やその増減に注意しなければなりません。

第5章

会社の仕組み

5-1 入社から定年までの流れ

　人事、労務、賃金の3つは、会社で働く上で非常に重要な部分です。どのような条件で働き、働きぶりを評価されて賃金を得るのかということは、私たちが生きていく上で最も重要な部分であるからです。そこで、ここでは「入社から定年までの流れ」を概観して見ておくことにします。

　入社から退社までの流れについては、業種により大きく異なるので、代表的な流れに絞って説明していきます。会社勤めの約40年をどのように過ごすかということは、自分の人生の大半をどう過ごすかということとほぼ同義です。仕事の内容、給料、休日、勤務地、雇用時間などは業種や職種ごとに大まかに決まっているので、まずはそれらを十分に理解しておきましょう。

(1) 採用試験

　ほとんどの企業で採用試験が行われます。採用試験の内容は企業によって異なりますが、一般的に応募者が自分自身の履歴書（エントリーシート）を送り（多くはネットでの入力です）、その後会社に呼ばれて説明会などが開かれます。次にペーパー試験（SPI、CAB、GABと呼ばれる試験と適性試験）などが行われ、ペーパー試験合格者に対してグループディスカッションや面接が行われ、最終的な採用となります。

　日本の企業は、欧米諸国のようにあらかじめ職種別採用（ジョブ型）を行っていないところが多く、まずは細かな職種を決めずに採用し、入社後に本人の資質や能力を見極めて適材適所の配属が行われます（メンバーシップ型）。また、採用に関して男女差別を行ってはいませんが、事実上、一般職と総合職とで採用を分けることで、事務系女性職員とそれ以外の職員を分けて採用することは一般化しています。しかし、この従来型の採用スタイルも大きく変わる時期にきています。

（2）研修

　中小企業の場合は、4月に入社し、数日もしくは数週間の研修の後、実際の仕事に就くことが多いようです。そのため、仕事に慣れる前に「仕事がきつい」といって、すぐ辞めてしまう若者が増えています。

　大企業の新入社員に対する対応は様々です。毎年大量採用を繰り返して、離職率が9割を超える業種もある一方で、数名しか採用せず、その数名に対して徹底的に教育し育成する企業もあります。

　さらに、採用方法も多様化しており、インターンシップ（職業体験）を行い、その結果を見て正式採用に踏み切るところや、入社前研修に始まり、3年程度かけて研修を繰り返しながら、職種の異なる各仕事現場をローテーションで回り、個人の適性を見極めた上で配属先を決める企業もあります。

　以下には代表的な企業研修のスタイルをあげておきます。

① OJT（On The Job Training）

　職場で様々な種類の仕事を経験しながら、就業能力を高めていく自己啓発型の企業内職業訓練のことです。直接、仕事の結果が直ちに出るので、極めて実践的な訓練となります。入社後3年間くらいかけてOJTで新人を訓練する企業も多いようです。

② Off-JT（Off The Job Training）

　仕事の現場から離れて集合研修やセミナーを受講するスタイルの職場外訓練のことです。最近の急速なIT化や技術進歩に対応するために、専門知識の学習や新技術の習得を目的として行われます。企業の戦略に合わせたタイミングで実施されます。

（3）昇進

　平社員→係長→課長→次長→部長といった流れが、ライン組織の一般的な昇進ラインです。さらに昇進すると役員となり、会社の経営に携わる一員になります。役員になるには、株主総会で選任されなければなりません。一般的に、取締役→常務取締役→専務取締役→副社長→社長といった序列

です。

　他にも、販売、営業職を主に担当するゼネラリストと、人事、経理、企画などを担当するスペシャリストにはじめから分ける企業もありますが、通常はゼネラリストとして見識と融通性を高めた後でスペシャリストの道を歩むことになります。

　昇進は人事異動で行われます。年に1回（数回ある場合もある）、全従業員を対象に部や課を異動させて、そのときに合わせて昇進させる企業が多くなります。大きな企業では海外勤務や関連会社への出向も人事異動で行われます。

（4）定年・退職

　通常、多くの企業が定年制を採用しています。現在は60歳定年の企業が一般的ですが、徐々に65歳から70歳を定年とする企業も出てきました。他にも、大企業の場合などでは、定められた定年は60歳なのですが、実際は50歳前後で関連会社や取引先に出向させられるケースもあります。特に大手商社や大手銀行などでは、50歳代前半くらいまでにある程度の昇進をしていないと、本体の正社員としてはほとんど残れないケースも多いようです。逆に、製造業などで特殊な技能を身に付けられる企業では、定年後も再雇用契約をして65歳や70歳まで働くことができる制度をとっているところもあります。

5-2　雇用形態

　これまでの日本の代表的な雇用形態であった終身雇用は崩れつつあります。大企業では、まだまだ終身雇用の形態を維持していますが、それでも正社員の数を減らし、雇用期間が決まっている期間従業員や一時的雇用のパート、アルバイトの割合を増やしています。また他にも、自社で直接雇用せず、派遣会社から一定期間人材を派遣してもらう派遣社員が多用され

ています。しかし、正社員以外の雇用形態は、年金や福利厚生面で不利なことが多いのが実情です。

ここでは、さらに細かく雇用に関するキーワードについて説明します。

(1) 一時帰休

一時帰休とは、製造業などにおいて、事故や天災により材料調達が遅れたり、製品の需要が急減したりしたとき、工場従業員に一時休暇を言い渡すことで、レイオフともいいます。一般に、再雇用を条件とした一時解雇を指します。

企業の業績悪化時に一時的な人員削減を行い、人件費を抑えるための手段です。通常、一時帰休時でも以前の収入の6割から7割を保障し、業績回復時の人員採用の際に優先して再雇用を約束します。

(2) 早期退職制度

定年前に退職希望者を募ることを早期退職制度といいます。企業の業績が悪化している場合のコスト削減が主な理由ですが、他にも急速な外部環境の変化への対応、人事の停滞回避のために行われることもあります。しかし、こうした制度で退職を希望する人は、有能で実力があり、転職可能な人材である場合が多く、企業にとっては厳しい状態になってしまう可能性もあります。

(3) オープン人事制度

オープン人事制度とは、社内公募により自分たちが人事に参加する人事異動制度や、企業内での人事権を人事部から各事業部に移譲して、人事部はチェック機能のみにする制度をいいます。人事部に、人事考課評定、異動権限、給与査定などの権力が集中することを避ける制度です。その他にも、人事業務自体を外部の専門機関に委託する（アウトソーシング）企業も存在します。

（4）派遣社員の法制

　派遣という制度は、1986年施行の労働者派遣法が始まりで、1999年には派遣可能業種が大幅に拡大されました。そして2003年に大きく改正され、製造業務への派遣が解禁され、紹介予定派遣の法制化などが決まり、2006年には派遣受入期間の延長、派遣労働者の衛生や労働保険などへの配慮が追加されました。労働者派遣法は、2015年、2021年に大きく改正され、正社員登用の道が開かれました（詳しくは第1章3節を参照）。しかし現実は、派遣契約を2年経過したくらいの時期に解除することで3年以上の雇用を避けたりするため、正社員への登用は進んでいません。

5-3　労働条件

　労働条件の決定は、企業との雇用の契約でなされます。雇用とは民法でいう「雇用契約」の1つですが、実際には特別法の労働三法（労働基準法、労働組合法、労働関係調整法）が成立しているため、労働関係の契約に関することを決めるのは民法ではなく労働三法ということになります。

　1947年に制定された労働基準法は、勤労条件の最低基準を定めています。実際には、労働基準法が義務付けている就業規則の内容が、実質的な労働者と企業との契約になります。2009年に労働基準法が改正され、時間外労働の削減や年次有給休暇の有効活用については労働者にとって有利になりました。このように労働関連法は順次改正され続けています。

　近年、企業では、年金の受給開始年齢に合わせて65歳までの雇用確保が義務付けられたことに加え、65歳から70歳までの就業機会の確保が努力義務になりました。また、以下にあげた一定条件に該当するパート・アルバイト（学生は除きます）に対して、社会保険の加入を義務付けられています。

・勤務時間が週20時間以上

- 月額賃金が8.8万円以上
- 2か月を超える雇用の見込みがある
- 従業員101人以上の企業に勤務（令和6年10月から）

　こうした改正は企業にとって大きな負担となり、国際競争面では不利となりますが、日本の少子高齢化に合わせた職場改善は絶対に必要なことです。難しい問題ですが、働き方改革が今後も必要と思われます。

　それでは、さらに細かく労働条件に関するキーワードを見ていきます。

（1）就業規則

　常時10名以上の従業員（パートを含む）を雇用する企業は、就業規則を作成し、管轄の労働基準監督署へ届け出なければなりません。さらに、その就業規則を従業員に対して公表しなければなりません。

　就業規則の具体的な内容については、始業・終業時間、有給休暇、休日、賃金の支払い方、退職などについての労働条件が規定されています。また、就業規則が従業員にとって不利にならないように、労働組合（または従業員の代表者）の意見の添付が義務付けられています。従業員個別の労働条件が就業規則に満たない場合には、その契約は無効になり、労働基準法の基準が適用されます。

（2）給与や賞与の仕組み

　給与や賃金については企業ごとに異なりますが、業種や職種により、ある程度の賃金相場は決まっています。株式上場している企業は、従業員の給料や人数が有価証券報告書によって公表されているので、1人当たりの給与水準を調べることができますし、他にもインターネットの給料サイトなどで業種や職種の世間相場を見ることができます。ぜひとも最新の情報を見て参考にしてください。

①**給与**

　一般的に給与は、基本給と役職手当などからなる基準内給与と、時間外労働（残業や休日出勤）手当や住宅手当、家族手当などからなる基準外給

与に分かれます。このうち、基本給は業績に影響しない一定の給与です。この基本給が、その他の給与（賞与、昇給、退職金など）を計算する際のベース金額となります。

　基本給は、基本的に「勤続年数＋査定」で決まります。そして査定については、職務遂行能力や所有する資格などで決まります。

　この基本給には、職務給や職種給が既に含まれている場合と、別途加算される場合があり、算定方法は企業によってまちまちです。

②**賞与**

　賞与は、企業側からすると「期間業績の成果配分」と考えられています。したがって、その期間業績により賞与の金額は上下します。従業員側からすると、給与の後払いや補足的性格で捉えることが多く、従業員の生活になくてはならないものになっています。期間業績により役員に配分される役員賞与とは全く別のものです。

③**定期昇給**

　給与の計算方法は就業規則に定められており、年功序列制度をとる企業では年齢とともに自動的に加算されていきます。

④**ベースアップ**

　ベースアップとは、賃金全体の底上げを行うことです。経営者と労働者の労使交渉によって、毎年春になると行われている企業が多く見られます。このベースアップは、昨今では経済環境の悪化による企業業績不振のため、ゼロ回答を行うところも少なくありません。

⑤**成果主義型賃金体系（能力主義）**

　仕事で業績向上に大きな成果を上げた従業員に対して、昇給・昇格で報いるというものです。逆に、成果を上げられなかった従業員の賃金は上がりません（下がる場合もあります）。営業や販売など数字で業績が評価できる職種は従業員の理解を得やすいのですが、間接部門（人事、経理、総務など）は数値化が難しく、問題があります。

⑥**総報酬制**

　業績に対する成果のみでなく、社会貢献度や顧客満足度など、別の見方

を加えた多面的な価値で報酬を決めるという考え方です。この総報酬制という考え方は、年金の保険料を算出する方法としても使われ、厚生年金の保険料について、月給だけでなく賞与ボーナスからも同一の保険料率で徴収し、かつ給付に反映させていきます。従来の標準報酬月額の考え方に比べて、賞与の多寡による負担の不公平を解消することができます。

（3）時間外労働

　労働基準法第36条は、時間外勤務、休日勤務、深夜労働などの超過時間外勤務について、労使間の協定を締結することを義務付けています（36協定）。なぜなら労働基準法によって、法定労働時間は1日8時間、1週間に40時間とし、法定休日も週に1回と決められているからです。これ以上の労働をさせる場合、企業は労働者と36協定の締結をし、労働基準監督署に届け出ることによってはじめて時間外労働をさせることができるのです。時間外労働は月最大45時間、年間で360時間と定められています。ところが繁忙期などの企業ではときにこの上限を超えて労働しなければならない状況が発生することがあります。そのため、特別条項付きの36協定というものが存在します。これは年間6か月までであればこの上限を超えて時間外労働させることができる労使協定です。年間6か月までであれば、罰則なしでどれだけでも従業員に残業させることができたわけです。その結果、特別条項が法の抜け穴となっていました。そこで2019年4月改正により、時間外労働には罰則付きの上限規制が設けられました。具体的には、特別条項を結んでいても時間外労働については次にあげる上限を守らなければなりません。

- 時間外労働と休日労働の合計は月100時間未満
- 時間外労働は年間720時間以内
- 2～6か月の平均が80時間以内
- 36協定の一般条項を超えられるのは年に6回まで

（4）労働組合

労働組合とは、労働者がその労働条件の維持・改善、また経済的地位の向上を主たる目的として自主的に組織する団体のことです。労働組合法で、その組成を法的に認められています。労働組合は、日本では企業別が一般的ですが、その連合体もあります。また、職業別・産業別などの形態もあります。

5-4　人事考課制度

　企業にとって、人は最も重要な経営資源です。従業員のやる気を引き出し、企業を成長させるには、従業員を大切にし、その生活を守る仕組みが必要です。また、従業員に対して正当な評価制度を構築することで、従業員自身に成長する気持ちを持たせることも大切です。

　人事考課とは、従業員の仕事ぶりや能力を上司や人事部が評価し、昇給、昇格、賞与、異動、研修への参加などを決めることをいいます。従業員の人生に大きな影響を与える非常に大事なことなので、客観的な評価をするために様々な工夫がなされます。人が人を評価するため、評価する人（上司など）の能力や感性が評価に大きな影響を与えやすく、そのような個人差をなくすために客観的な評価制度が必要になります。

5-4-1　人事考課の評価内容

　従業員の努力や成果に報いる考課でなければなりません。また、将来性を見出し、その能力・資質に合わせた配置転換、研修などの処遇が必要になります。人事考課で示される価値基準が、企業の人に対する価値観とみなされるため、人事考課によって社風が形成されることになります。

（1）評価のポイント

　人事考課の評価ポイントは以下のような事項です。

①能力
　職務遂行能力です。営業や販売職の場合、売上そのものや、他部署との連携、他の営業担当者のアシストなどの売上貢献が加味されて評価されることが多いようです。さらに、顧客からのクレーム数や個別の詳細な目標項目の達成度で測定されます。単純な成績考課ではなく、総合的な評価になります。

②態度
　仕事への積極性、責任感、協調性などに対する評価です。出勤状況（遅刻、早退等）や課・部での行事、イベントへの参加状況、関連部署との協調性などが問われます。

③成績考課
　仕事の結果や成績に関する評価です。あまりに成績だけを重視すると、個人プレーが増加し、企業内の協調性やチームプレーに支障をきたします。しかし、成績が悪いと評価されないのは当然のことなので、最も大切なことです。

（2）相対評価と絶対評価
　企業内の人員は限られているので、基本的には相対評価になります。一般的に入社当時であれば同期と、中堅社員といえる30歳代であれば前後5年くらいの間で相対評価になります。
　しかし、その人のイメージが先行したり減点主義になったりする可能性が残る評価方法であるため、絶対評価を取り入れる企業もあります。
　絶対評価では、各従業員の資格ごとに達成すべき基準を細かく設定し、その達成度合いを客観的に評価します。絶対評価には加点的側面があり、従業員の育成につながる評価方法といえます。しかし、企業内でのポストは限られており、最終的には相対評価に近い形になります。

（3）自己申告制
　自分の業績や努力具合について、各従業員が企業側に数字などの証拠を

付けて自己申告し、企業側はそれを客観的に評価し本人にフィードバックするというものです。この制度では、相互の評価に対する理解を深めながら能力開発を進めていくことができます。従業員は、自分の言いたいことを会社に申告することができ、企業側は従業員が努力している姿や本人の意向を知ることができます。

　この双方向なシステムは、お互いの意思の疎通が図られ、従業員の企業への帰属意識が深まることから、多くの企業で導入されています。しかし、ポストや資源は限られており、従業員の考えどおりに異動や昇給・昇進が行われるわけではないので、限界はあります。

5-4-2　人事制度の今後

　企業は、人材が企業にとって大切であることは十分承知しています。そこで、雇用した人材が将来の展望やモチベーションを維持しながら企業の活力源となるために、いろいろと改善を行い、新たな人事制度を考案しています。以下に、そうした人事制度の例をあげます。

(1) 専門職制

　ある特定の分野に高度な専門技術や知識を持った人材を処遇する制度です。通常のライン組織での課長・部長の肩書は付きませんが、専門職（スペシャリスト）を課長・部長と同等に扱う呼称（例えば、主任研究員、調査役など）を設け、給与面・待遇面で同等に扱います。

　はじめは単なるポスト不足解消の意味合いもありましたが、現在のように高度な技術、情報処理、法律面での対応が要求される時代には、専門家が必要になり、専門職制を導入する企業も増えています。

(2) 裁量労働制

　正式には、専門業務型裁量労働制といいます。その遂行に裁量性のある業務について、実労働時間ではなく成果で報酬を決め、成果があれば一定の時間数だけ労働したものとみなす制度です。当初、裁量労働制の対象は

研究開発の業務などに限定されていました。

裁量労働制は、仕事の量や完成の時期を労働者の裁量に任せないので、割り当てられた仕事を消化するために過労に陥る危険があります。そこで使用者には、労働者の健康および福祉を確保するための措置、ならびに労働者からの苦情処理に関する措置を講じることが義務付けられています。

一方で、能力のある従業員にとっては、自分で成果までのスケジュールを組めるので自由度が広がるというメリットがあります。

(3) CDP（キャリア・デベロップメント・プログラム）

CDP（Career Development Program）とは、個々の従業員の人生設計に沿ったキャリア形成を、中長期的な視点で支援していくための仕組みです。入社後の数年先から十数年先のキャリア目標を、従業員の希望を聞きながら定めます。その目標を達成するために必要な能力や経験を、企業内で仕事をこなしながら計画的に積み重ねていくことになります。

CDPは必ずしも教育研修に限られるものではありません。個人の希望や適性を考慮しながら、育成的な人事異動やOJT、社外での自己啓発も含めた多様な実践と組み合わせて、総合的に能力・職務開発を進めることが必要になります。

(4) インターンシップ

インターンシップとは、学生が一定期間、企業や公共機関などで研修生として働き、自分の将来に関連のある就業体験を行う制度のことで、主に大学2、3年生を対象として、夏休みや春休みを利用して行われます。就職する前に実際の職業を体験することで、理想と現実のミスマッチを防ぎます。

インターンシップに関する情報は、企業の採用・就職サイトで提供されています。

インターンシップは基本的には社会勉強であり、労働ではないのですが、企業によっては金銭が支払われ、実質的にアルバイトと何ら変わらない労

働力と見られかねない場合もあります。企業側にとっては、優秀な人材を採用しやすくなるというメリットがあります。また、広く自社事業を理解してもらうことができます。

(5) 社内公募制、社内FA (フリーエージェント) 制

この2つの制度は、企業が必要とする仕事の内容やポストを社内で明確に表示し、従業員に応募させて、その中から必要な人材を選抜して人事異動させるというものです。従業員の意思表示に基づいて決まるので、選抜された従業員の労働意欲は非常に高いといえます。社内公募に応えるために、従業員自らが実力を高める学習を自発的に行ったり、実力主義の実効性が向上したりするといったメリットがあります。

5-5 福利厚生制度

福利厚生制度とは、企業が従業員とその家族の健康や生活の福祉を充実させるために行う諸施策のことです。具体的には、賃金・給与以外の、保険、住宅・教育などに対する諸手当、社員寮・社宅、保養施設等の福利厚生施設の建設などがあげられます。

福利厚生制度には、法律で実施を定めた法定福利厚生と、企業が任意に定める法定外福利厚生があります。ここでは、法定福利厚生制度の「社会保険」について解説します。

社会保険とは、負傷、疾病、失業、老齢、死亡など国民の生活を脅かす事柄が発生した場合、その生活を保障するための保険のことです。医療保険、年金保険、雇用保険、労働者災害補償保険の4種類があり、保険料は政府、事業主、被保険者が共同負担する場合が多くなっています。

(1) 医療保険

医療保険は、各人が所属する会社ごとに国民健康保険と健康保険などに

分かれます。

　国民健康保険は、サラリーマン（給与所得者）以外の自営業者、農家、退職者、未成年の学生や無職者などが加入するもので、保険料は全額加入者が負担します。国民健康保険を運営しているのは、各市区町村（地方公共団体）です。

　一方、民間企業のサラリーマンが加入する公的医療保険は**健康保険**と呼ばれます。保険料は労使折半が原則ですので、保険料の半分は勤務している会社が負担しています。この制度は正社員のみに適用され、パートやアルバイトは健康保険の対象外の場合がほとんどです。

　その他にも、医師や理容師が加入する**健康保険組合**（保険料は各自が全額負担）、公務員や学校職員などが加入する**共済組合**（保険料は労使折半）があります。日本では「国民皆保険制度」があり、国民全員がこれまでにあげたような医療保険に加入するようになっています。

　保険制度の給付は、本人に対するものと被扶養者に対するものがあります。療養の場合は、病院の診療費を一部負担（2003年から30％負担）することで給付されます。その他にも、傷病手当、出産手当、分娩費、育児手当、埋葬費などがあります。ただし、2014年の改正により、年齢層における一部負担（自己負担）の割合が次のようになりました。
- 75歳以上の者は、1割（現役並み所得者は3割。）。
- 70歳から74歳までの者は、2割（現役並み所得者は3割。）。
- 70歳未満の者は3割。6歳（義務教育就学前）未満の者は2割。

（2）年金保険

　年金保険制度は2階建て構造と呼ばれる形になっています（企業年金のある大企業は3階建て構造）。

　1階部分の年金は、成人した国民全員が加入する国民年金で、保険料は一定金額で各自が納めます。最近は未納者が増加する傾向にありますが、そういった人たちは将来無年金者となってしまう可能性があり、社会問題化しています。

次に2階部分は、サラリーマン（給与所得者：5人以上は強制加入）が加入する厚生年金（公務員などは共済年金）です。保険料は収入に応じて算出され、給与から天引されて会社が納入代行するので、基本的に未納者はいません。また、厚生年金の加入者は、同時に国民年金に加入する仕組みになっています。サラリーマンの被扶養配偶者（妻：専業主婦など）は、国民年金の保険料を収める必要はなく、扶養配偶者（夫）が負担している形になります。

最後にあげる3階部分は、企業独自の企業年金で、大企業ほど整っている制度といえます。日本の年金は世代間で負担する仕組みなので、今後の高齢化社会の到来で制度そのものの存続が危うい状況です。

2022年4月から、年金制度が改正されました。要点は次にあげるとおりで、70歳まで働きやすい環境を整え、働いてもらうための改正です。

- 繰下げ受給の上限年齢引上げ
  老齢年金の繰下げの年齢について、上限が70歳から75歳に引き上げられました。また、65歳に達した日後に受給権を取得した場合についても、繰下げの上限が5年から10年に引き上げられました。
- 繰上げ受給の減額率の見直し
  繰上げ受給をした場合の減額率が、1月あたり0.5%から0.4%に変更されました。
- 在職老齢年金制度の見直し
  在職中の老齢厚生年金受給者について、年金の基本月額と総報酬月額相当額の合計額が一定の基準を超えたとき、年金の全部または一部が支給停止されます。20224年4月から60歳以上65歳未満の方の在職老齢年金について、年金の支給が停止される基準が見直され、65歳以上の在職老齢年金と同じ基準（28万円から47万円）に緩和されました。
- 加給年金の支給停止規定の見直し
  配偶者の老齢または退職を支給事由とする給付が全額支給停止となっている場合に、加給年金は支給停止されます。

（3）雇用保険

昔は「失業保険」と呼ばれていましたが、その名のとおり、失業時の生活を保護するための保険です。雇用保険の中心となるのは失業給付で、その他にも雇用安定事業などが行われています。

保険料は事業主と労働者との折半で、これに国庫負担が加わり運営されています。事業主の都合で失業した場合は、辞める前の半年間に支払われた賃金の約7割程度を基本に、90日から360日分の金額が年齢や雇用期間に応じて支払われます。自己都合で失業した場合は給付に制限があり、退職後3か月間は支払われません。

（4）労働者災害補償保険

「労災」と呼ばれ、業務中に労働者が負傷、障害、発病、死亡した場合に給付が受けられます。1973年の労働者災害補償保険法の改正により、通勤時の事故にも給付されるようになりました。保険料は全額事業主が負担します。

業務災害については、療養補償、休業補償、障害補償、遺族補償の各給付と、埋葬料、疾病保障年金があります。

その他にも労働者災害補償保険では、労働者の福祉増進を目的として労働福祉事業を行っています。従業員を1人でも雇用する事業主は、保険加入が義務付けられています。この場合、従業員には正社員だけでなく、パートやアルバイトも含みます。

第6章

企業の戦略

6-1 取引コスト発生のメカニズム

　取引コストとは、簡単にいうと「様々な経済取引をする際に発生するコスト」のことです。

　取引コストは**人間的要因**と**環境要因**が重なって発生します。人間的要因は、限定された**合理主義**（人間の能力には限界があります）と**機会主義**の2つの要因から構成されます。まず、最大化原理に従って人が合理的に行動しようとすると、情報、監視、交渉などの取引コストが必要となります。また、機会主義的行動とは、自己の利益を追求するにあたってあらゆる手段をとることで、日和見主義といわれることもあります。

　ミクロ経済学的な見解では、機会主義は情報の偏りから**契約理論**と類似します。つまり、財・サービスの取引に関する当事者間の自由な合意事項である契約は、契約の締結や履行の管理に費用がかかります。契約当事者間で保持する情報が異なったり、契約の履行を監視する機構が不完全であったり、情報を処理する能力が限定的な場合には（限定合理性）、取引コストが発生するのです。特に、競争相手が少数の環境下では取引コストが大きくなります。逆に、代替的な取引相手が多数存在すれば、機会主義的行動はなくなります。

　現実の企業戦略に当てはめると、市場の環境要因において、不確実性、複雑性が高まっている場合、また、取引相手が少数の場合、人間的要因（限定された合理主義、機会主義）で取引コスト（情報、監視、交渉など）が発生しやすくなります。そのとき経営者は、垂直統合、系列の強化などで取引コストを削減する経営判断を下します。反対に、企業組織内の取引コストが高まると、経営者は事業部門の売却、分社化、水平統合などにより組織を改革し、市場へ依存度を高めます。これが、取引コスト発生のメカニズムです。しかし、最近のIT化の進展で情報コストが劇的に下がり、ネットワーク組織が注目されています。

6-2 取引形態の3類型

企業における取引の形態について、主な3つの類型を説明していきます。

(1) スポット取引

多数の取引相手の中から、最も安価な取引相手を選ぶ取引形態をスポット取引といい、株式・商品市場では、現物取引、マーケット取引ともいいます。

スポット取引は市場での実物の取引のことなので、対義語は先物取引です。欧米流の考え方であり、特徴は、1回ごとの取引を重視することです。メリットは、その都度、主として価格面で、より廉価な企業との取引を行うことができる点にあります。しかし、一般的に売り手が買い手よりも多くの情報を保有している（情報の非対象性）ので、売り手が隠している欠陥を見抜くのは容易なことではありません。

企業が製品やサービスを取引として行うときは、品質、納期、サービスなどが織り込まれてスポット価格が決まります。

取引コストが低くなる場合と高くなる場合について整理すると、以下のようになります。

①取引コストが低くなる場合
- 取引参加者が非常に多く、完全競争の状態の場合
- 取引コストを引き下げるために、垂直統合をしたり継続的な取引ルール化を行ったりして、強い関係の中間組織（系列、グループ化など）を形成する場合

②取引コストが高くなる場合
- 取引される財・サービスが複雑であるためにいろいろと情報を集め、必要以上に慎重になって時間がかかるなどの原因がある場合
- 取引に参加する経済主体が、一般に制限された合理性しか発揮することができず、最適な取引が行われない可能性がある場合

- 人をだますような行動、足元を見るような行動（機会主義的行動）がある場合

（2）長期継続取引

　企業間の取引には、前述のスポット取引と長期継続取引という2つの相反する考え方があります。欧米流の考え方であるスポット取引に対して、長期継続取引は日本的な取引関係であり、信頼に基づく取引です。この信頼関係が情報の非対称性から発生する非効率性を克服してきたのです。企業は、系列や協力会社、従業員、銀行など、あらゆる利害関係者と長期継続取引に基づく相互信頼を築き上げることによってリスクを回避してきたのです。長期継続取引には、日本特有の共同体社会の影響が色濃く反映されています。

（3）組織内取引

　企業内、系列組織内など利害の衝突がない組織間の取引では、機会主義的な行動がとられることは少なく、低コストになります。社内移転価格というあらかじめ決められた価格で取引が行われるので、取引される財・サービスが複雑なものであっても価格付けに困ることはないため、低コストになるのです。

　一方、硬直化した組織や官僚主義的な大規模組織では、高コストになります。

6-3　エージェンシー理論

　主たる経済主体（プリンシパル）と、その主たる経済主体のために活動する代理人（エージェント）の間の契約関係を「エージェンシー関係」と呼びます。そのため、エージェンシー理論は「プリンシパル‐エージェントの理論」ともいいます。エージェントはプリンシパルの利益を最大化す

る行動が期待されますが、両者の利害は必ずしも一致しないことに注意が必要です。

　利害の不一致や情報の非対称性によって、エージェントがプリンシパルの利益ではなく自己の利益を優先させて行動してしまうことを、「モラル・ハザードの発生」といいます。プリンシパルに対して虚偽の報告をすることが起こり得るのです。そういった問題が発生することを防ぐために、プリンシパルが、その対策を講じることが必要になります。その手法には次のようなものがあります。

①エージェントがプリンシパルの利益に合致した行動をとるようなインセンティブを構築する。
②エージェントの行動を常に監視する方法を策定する。

　こうした対策を講じるために発生するコストをエージェンシー・コストといいますが、このコストを最小化するという形で問題解決が行われます。
　株主が経済主体（プリンシパル）で、経営者が代理人（エージェント）である場合の関係は次のようになります。

- 株主は、利益を上げるために配当金と株価の上昇に関心がありますが、経営者は、企業の成長、規模の拡大、マーケット・シェアの拡大が最大の目的です。企業の成長は、結果的に利潤を大きくしますが、成長と収益は別物で、経営者と株主の目的は異なります。
- 企業情報は経営者がたくさん持っています。株式上場企業は情報公開が義務付けられていますが、相対的に株主の持つ情報は少なく、情報の非対称性が存在します。
- 株主と経営者では、企業経緯の目的が異なるので、インセンティブの契約が必要になります。ここに、エージェンシー理論が成立します。

　日本の高度経済成長期は、目的の同一化や情報の共有化が図られていたため、インセンティブ契約の必要性は少なかったといえます。しかし、低成長の現在では、すべて右肩上がりに上昇することはないのです。株主・経営者以外の、経営者と従業員、親会社と下請け会社などの関係を見ても、

それぞれの目的は異なっており、両者の情報に格差が生じています。そこでインセンティブ契約が必要になってくるのです。

6-4 現実の取引採算

6-4-1 生産から製造・販売までの流通チャネル

　生産の過程では、マーケティング戦略や販売計画に合わせて緻密な生産管理を行います。生産者から消費者へといったの流通経路の選択でも、商品やそれぞれのニーズ、状況によってコスト削減への努力が行われます。

　高度成長期は商品をつくれば売れたのですが、その時代は過ぎ去り、現代ではよりよい商品を安価で、しかも個人の嗜好に合わせて提供することが求められます。企業は競争の中で消費者が求めている商品を探り、商品を創造し、生産・製造量を決定し、コスト計算し、販売価格を決定し、マーケット戦略を考えなければなりません。企業が製品を完成させるには、生産段階で品質管理やコスト管理の生産統制が必須です。販売段階でも、販売計画を立て、それに合わせた生産計画や資金計画を策定します。製造の全部・一部を海外に委託している企業も多くなりました。複雑な情報・商品の流れをIT化による情報の一元管理で共有化し、効率化する企業も増加しています。

　商品が消費者の手に渡るまでの流通経路は、生産者→一次卸売業者→二次卸売業者→小売業者→消費者という形態が一般的な流れです。しかし、近年ではインターネットを使った通信販売等の直販型も増加しています。こうした直販型については、企業にとって一概によいとは言い切れず、販売組織を企業内で運営管理する必要があるなど、企業にとっての負担増加といった面もあります。卸売業者や小売業者を介在させることは、決してマイナス面ばかりではなく、販売力と販売シェアを既に持っている生産者からすると、卸売業者に販売を任せることで、販売活動についての負担が

なくなるというメリットもあります。結局はその商品特性に合わせた、効率的な販売・流通チャネルを選択することが大切であるということなのです。

6-4-2 生産管理（在庫と受注）

　生産と在庫・受注とを効率的に行うには、生産に関わる一連の作業を十分に把握し、統制し、効率的・経済的に運用する必要があります。コストダウンが生産管理の最大の目的なのです。在庫と受注の関係は、その企業の置かれている状況により様々ですので、単純に在庫を減らせばよいというわけではありません。つまり、自社の置かれている状況を十分に調査・分析し、その中で効率化を図ることになります。常に在庫を持つことによって、急ぎの注文に対応できるようにし、企業の存在価値を高めている企業もたくさんあるからです。一般的には、在庫と受注を効率的に管理し、在庫を極力減らすことでコストを下げる作業が行われます。在庫と受注を効率的に管理する方法として代表的なものに、トヨタ自動車で有名なカンバン方式やOR（オペレーションズ・リサーチ）などがあります。少し詳しく見ていきます。

（1）カンバン方式

　カンバン方式とは、トヨタ式生産管理システムのことで、ジャスト・イン・タイムと自動化を柱にした在庫の削減を図るシステムです。カンバン方式は、自社の内部組織内だけではなく、系列企業やグループ会社を含めた協力会社群が、必要なときに必要な商品（部品・サービス）を提供します。その結果、購入部品の在庫を持たずに済むため、在庫を保管する倉庫も不要になります。つまり、在庫管理の負担が大きく減るばかりでなく、つくりすぎや待ち時間の無駄を省くことが可能となります。そのため生産工場は効率的に作業工程の自動化が可能になり、コストを削減できます。しかし、一方では、ジャスト・イン・タイムで商品を運ぶ流通部門に負担がかかるようになります。

(2) OR（オペレーションズ・リサーチ）

　OR（オペレーションズ・リサーチ：Operations Research）とは、在庫管理、生産計画、受注（見込み）、販売計画などを数値化することで、担当者の勘に頼ることなく計画を合理的に進めていくことです。数学的・統計的モデルやアルゴリズムの利用などによって、様々な計画に際して最も効率的になるよう決定する科学的技法、と言い換えることもできます。

　生産管理は、管理する部品や商品の種類が多くなると非常に複雑になります。それらの複雑なシステムの分析などにおける意思決定を支援するシステムがＯＲなのです。またＯＲは、意思決定の根拠を他人に説明するときにも役立ちます。ゲーム理論や金融工学などもORの応用として誕生したものです。他にもＯＲは、政府、企業など、様々な組織で意思決定のための数学的技術として活用されています。

　ＯＲの分析手法は、順列組み合わせ、確率、最適化および待ち行列などの数学的研究を踏まえて現実の問題を数値化し、数理モデルに置き換えます。そうすることで、合理化された意思決定が可能となり、部品の発注量や従業員の人数などの定量的な問題についても最適化を図ることができます。

(3) POS（販売時点情報管理）システム

　POS（Point Of Sales）システムとは、物品販売の売上実績を単品単位で集計する経営管理の手法です。POSシステム導入の最大の利点は、商品名、価格、数量、日時などの販売実績情報をリアルタイムで収集して、経営者が把握することができる点です。このシステムは日々進化しており、スーパーやコンビニなどでは、購入者の年齢層、性別、当日の天気などもデータとして収集していることが知られています。

(4) EOS（電子補充発注システム）

　EOS（Electronic Ordering System）とは、携帯情報端末により補充発注データを店頭で収集します。そのデータをもとに、発注すべき商品

名と数量を店舗で入力して本部に送信し、本部ではそのデータを集約し、卸売業者やメーカーへ発注するシステムです。

(5) EDI (電子データ交換)

EDI (Electronic Data Interchange) とは、ネットワークを通じて標準化された企業間の受発注や決済などの手続きを電子データとして定型化し、電子データとして交換するシステムのことです。データの定型化には主に、HTML、SGML、XML などのプロトコルと呼ばれる共通化された仕様が用いられます。EDI の活用によりグループ会社を超えた情報伝達が可能となり、大幅にコストを下げることができます。

6-4-3 コストダウンと QC (品質管理)

QC (Quality Control：品質管理) とは、製品やサービスの品質を水準以上に保ちながら生産・販売業務を効率化し、質的向上を図りながら無駄をなくすことでコストダウンを図るというものです。実務で行うためには、社内に 10 名程度で QC グループを設置し、会社全体で行うことが必要になります。これを TQC (Total Quality Control: 総合品質管理) といいます。製造業で TQC を行うためには、設計、製造、検査、販売、調査、流通などにおいて PDCA サイクルを回します。

PDCA サイクルとは、典型的なマネジメントサイクルの 1 つで、計画 (Plan)、実行 (Do)、評価 (Check)、改善 (Action) のプロセスを順に実施することで、全体の改善を図ることです。

実務で行う QC としては、各部署の様々なデータを分析するために、関連図 (原因の究明)、系統図 (対策の追究)、マトリクス図 (対応の把握)、PDPC (不測の事態への対応)、ダイヤグラム (日程管理)、親和図 (整理、発見)、多元的データ管理などの手法を用います。

6-4-4 マーケティング手法

　マーケティング活動には、市場を分析する活動と市場を新たに創造する活動があります。2つの活動がある理由は、消費者のニーズに合わせて売れる商品やサービスをつくり出さなければならないからです。

　マーケティング活動の基本は、Product（製品計画）、Price（価格設定）、Place（販売チャネル構築）、Promotion（プロモーション活動）の4つで、これらの頭文字を取って「4P」と呼ばれています（E.J. マッカーシーが提唱したことから、「マッカーシーの4P」ともいいます）。

① Product（製品計画）

　ターゲットとなる消費者層を決め、その市場の既存商品を分析し、消費者ニーズを探ります。そしてそれらの結果から製品を開発し、市場へ投入します。

② Price（価格設定）

　消費者が購買する可能性の高い価格水準を決めることで、消費者と企業の両方を満足させる価格の設定を行います。

③ Place（販売チャネル構築）

　消費者に製品が渡るまでの最も効率のよい流通チャネルを選択し、決定することです。

④ Promotion（プロモーション活動）

　広告や販売支援活動を通じて消費者の需要を促進する活動のことです。

　これらの4つの活動を最も効率的に組み合わせ、販売戦略を立てることをマーケティング・ミックスといいます。

　このマッカーシーの4Pを購買者視点に置き換えた4C（顧客価値：Customer value、顧客コスト：Customer cost、利便性：Convenience、コミュニケーション：Communication）という考え方もあるので、覚えておきましょう。

図表7　4つのマーケティング活動の要点

製品計画 (Product)	価格設定 (Price)	販売チャネル構築 (Place)	プロモーション活動 (Promotion)
商品レベル：品質、保証、ベネフィット	基本方針：費用志向、需要志向、競争志向	チャネルの基本類型：開放的チャネル、選択的チャネル、専売的チャネル	プロモーションミックス：広告、パブリシティ、セールスプロモーション、人的販売
分類：最寄り品、買回り品、専門品、非探索品	価格弾力性	垂直的マーケティングシステム(VMS)：企業型、契約型(FC、ボランタリーチェーン)、管理型	プッシュ戦略とプル戦略：広告で顧客を引き付け(プル)、積極的に売り込む(プッシュ)。プル戦略が優勢
製品のライフサイクル	価格設定の種類：端数価格、名声価格(ファッション)、慣習価格(飲料)、心理価格	チャネルパワー：経済的パワー(報酬、制裁)、情報パワー(専門性、情報)、組織的パワー(正当性、一体性)	
ブランド戦略	プライスライニング(参照価格)、抱き合わせ価格、キャプティブ価格(ランニングコストで儲ける)	流通チャネル設計維持の基準(製造業)：経済性基準、コントロール基準、適応性基準	

図表8　マーケティングの種類と手法の代表例

種類	概要
マネジリアル・マーケティング	経営者の視点に立ったマーケティング。顧客主導ながら、経営者的な視点からマーケティングを行う。単に顧客のニーズに適応するだけではなく創造的に適応するために、マーケティング担当以外の各部門の協力も必要で、経営者による意思決定も必須となる
ソーシャル・マーケティング	営利事業組織である企業の利益追求中心のマネジリアル・マーケティングに対して、社会との関わりを重視するマーケティングの考え方
グローバル・マーケティング	地球規模で事業を展開するために国境を越え、地球全体を1つの市場と捉えて行うマーケティングのこと。現地市場に適応するために、世界規模で経営・事業部署を設計する。資源は価格や品質、流通経路などからコストの最小地域を選んで調達する。生産は人件費や労働の質、設備の充実度などを考慮して最も生産性の高い地域で行う。世界規模でこのような調整を行うことで情報や知識、経営資源を共有し、効率を上げる
リレーションシップ・マーケティング	企業と顧客との間に築かれる関係性に着目し、顧客との長期継続取引関係の構築と維持を目指して展開されるマーケティング。経済低成長時代においては新規顧客の獲得が困難なため、既存顧客をリピーターとして維持することがマーケティング活動として効率的

手法	概要
インターネット・マーケティング	代表的なものに、SEM（検索エンジンマーケティング）がある。検索エンジンでヒットさせる戦略
ブログ・マーケティング	個人のブログやSNSを利用したマーケティング。現実の世界と同じように、肯定的な意見がある中で、やらせが存在し、批判的な意見も存在する
口コミ・マーケティング	商品やサービスを、特定の消費者に提供し、口コミを発生させる種まき手法。ブログなどによる実体験的なコミュニケーションを図ることも多い。商品を共有し合うコミュニティー（グループや集い、ファンクラブ、会報誌）などを提供し、消費者の共感を得るコミュニティー・マーケティングといった手法をとる
キャラクター・マーケティング	キャラクターを導入することにより、企業の製品の差別化や販売促進を図る比較的新しいマーケティング手法

6-4-5 インターネットビジネス

　インターネットを利用したビジネスには様々な形態があります。ここでは、「企業と個人（消費者）」「企業と企業」の２つの取引形態に分けて見ていきます。

（１）企業対個人のビジネス（B to C：Business to Customer）

　インターネットは、非常に低いコストで個人と直接情報交換をすることが可能であり、その点をうまく利用したビジネスモデルがたくさん考案されています。インターネットを利用したビジネスモデルはまだ歴史が浅く、これからも次々と創出されていくでしょう。

　個人向けのビジネスモデルは、以下の３つに分けられます。

①コンテンツ型ビジネス

　インターネット経由で情報を売るビジネスのことです。情報には、映像、画像、音楽、文章、ゲームなどや、それらの組み合わせを含みます。具体的には、インターネットを通じて提供されるニュース、小説、映画、テレビ番組、歌、ビデオゲーム、マンガ、アニメなどです。はじめは無料で提供されるものが多いですが、もっと詳細な情報を入手したいときや番組の続きを見たいとき、ゲームをさらに進めたいときなどに有料になる料金システムとなっている場合が多いようです。

　インターネットで提供される情報は、デジタルコンテンツと呼ばれます。

②広告主導型ビジネス

　特徴のある優良なコンテンツを提供することで大量のアクセスを集め、そこに広告を載せて広告収入を得ることを目的としたビジネスモデルです。既に大きな地位を築いているサイトは、ポータルサイトと呼ばれる検索サイトです。インターネットが普及した結果、代表的な検索サイトでは大量のアクセスを集めることが可能になりました。多くのユーザーは、インターネットにアクセスする際、最初にポータルサイトにアクセスし、その検索結果をもとに自分の探しているサイトに進みます。ポータルサイト

の代表的な例は、GoogleやYAHOO!の検索サイトです。

　しかし、広告収入だけに頼るビジネスモデルは限界に来ているので、今後は新しい発想が必要になります。

③**インターネットの双方向性を利用したビジネス**

　インターネットでは、自社のアクセス数や成約率などの情報、ポータルサイトが入手する膨大な業界全体の情報、顧客の嗜好情報、キーワードごとのアクセス数などを効率的に入手することができます。これらの情報をマーケティングに役立てると、従来以上に精緻な販売戦略の構築が可能になります。

　簡単に説明すると、電子商取引で重要になるのはアクセス数と成約率です。「利益＝アクセス数×成約率」で表されます。自社のマーケティング戦略も大切ですが、ポータルサイトが行うマーケティング戦略により、売上は大きく左右されることになります。検索サイトで上位にランクされると、それだけ自社のサイトへの集客率は上がります。また、検索結果のすぐ右側の広告は効果の大きな宣伝になります。そのため、キーワードごとの入札が行われているのです。

　その他にも、購入ポイントの獲得、顧客の利用度合いによるランク設定（高ランクほど有利な販売条件になります）、顧客の嗜好別のメールマガジンの発行、口コミや商品情報の書き込みによるポイント獲得など様々なマーケティング手法が開発されています。具体的な事例としては以下のようなサイトがあります。これらはインターネットの情報伝達の双方向性を利用したものですが、ほとんどが会員や販売店、購入者からの情報で成り立っており、既に有力な数サイトに淘汰されているようです。

　a.　**価格を比較するサイト**

　　商品やサービスの価格を一覧で比較できるサイトです。最も価格の安い販売店を探し出し、ワンクリックでその販売店のサイトにたどり着くことができます。そのクリック数で販売店に広告料が発生します。また、サイトの運営会社に口コミ情報やレビューを書けるようになっており、購入予定者はそこから、既に購入した人の情報を知ることができます。

アクセス件数や購入者からの情報は、統計データに加工されて希望する販売店に有料で提供されます。

　事例：価格.com など。

b. **レストランの味やサービスを比較するサイト**

　実際にレストランや居酒屋で食事をした人からの情報を集めて、その店舗をランキングするサイトです。評価者にもランクがあり、虚偽の評価が大きく反映されないような仕組みになっています。高評価の店舗には、客が集中します。

　事例：ぐるナビなど。

c. **天気の情報を知らせるサイト**

　全国にいる会員から天気の情報を携帯電話で集め、そのデータを集計し天気予報を提供しています。ピンポイントの天気予報は、気象庁の天気予報に比較して詳しいため、非常に好評です。運営主体の収入は、個人・法人会員の会費と情報提供料です。

　事例：ウェザーニュースなど。

d. **ゲームを配信するサイト**

　基本料金は無料でゲームを配信し、ゲームの進行と特殊なアイテム入手時に課金させる仕組みです。

　事例：GREE、DeNA など。

e. **オークション関連サイト**

　インターネットで中古車の査定をリアルタイムで行い、仕入価格は通常よりも高めに設定します。販売はオークションを利用し、安価でも売り切ることで在庫を持たない仕組みです。オークションでの販売価格は低めになりますが、販売量を増やすことで利益を計上するシステムです。

　事例：ガリバー、バイク王など。

f. **アンケートなどの市場調査サイト**

　市場調査を、インターネットにより短期間で行います。アンケートの作成からデータの分析まで引き受けます。調査機関は、あらかじめ会員を募っておき、調査対象を顧客の要望で絞り込むことで調査精度を上げ

ることができます。
　アンケートに答えた消費者に対してはポイントを付加して、一定額が集まった段階で金券と交換するケースや、抽選で現金を振り込むケースが多いようです。

（2）企業と企業の連携ビジネス（B to B：Business to Business）

　インターネット取引（電子商取引）の金額では、B to B（企業同士のビジネス）がB to C（企業対個人のビジネス）を上回っているといわれています。例えば、文具などのオフィス用品や事務機器のパソコン関連商品、書籍などの物品販売は、その効率性と価格の安さから利用が拡大しています。また、新幹線・航空機チケットの手配やホテルの予約などのサービスも非常に簡単に完了します。そして、部品や原料などの調達、人材の仲介など、B to Bに含まれる分野は多岐にわたっています。

　近年では、特定の業界に取引市場を提供するポータルサイトが創設され、インターネットサイトを通じてビジネス用のアプリケーションをレンタルする（APSと呼ばれます）事業者が増加しています。ネット上での利用なので、ソフトの更新やバージョンアップの手間も不要です。新しいビジネスを始めるときや、コストの安い発注先を探すときに非常に役に立ちます。

　B to Bのサイトを構築するためには、事業計画書の作成とともに、Webサイト構築の基礎知識、SEM（検索エンジンから自社サイトへの訪問者を増やすマーケティング手法）、SEO（インターネット検索での結果、ページの表示順の上位に自らのサイトが表示されるように工夫すること）、ネットでの顧客対応の基本、ネット取引での与信管理、集客方法などを十分に学習し、「ネット営業」の開設を準備することが必要になります。「ネット営業」として引き合いや受注を確実に得るためには、従来の現場での知識ではなく、ネット用の知識およびシステム構築が必要で、そのマーケティングノウハウを習得する必要があります。

　次に、インターネットで自らのサイトに誘導する代表的な手法について

見ていきます。法人向けに営業活動を行う場合、取り扱う商品やサービスの販売対象会社の担当者や決裁者にアプローチを行う必要があります。そのプロモーションをインターネットで行うことがインターネットにおけるBtoBの販売戦略になります。

　法人向けのインターネットでの戦略としては、大きく分けて以下の3つがあります。

①ビジネスマン向け媒体への広告

　ビジネスパーソンは、常に経済情勢や新商品の動向に気を配っています。ビジネスパーソン向けのオンライン雑誌、ポータルサイト（例：サイボウズなど）、各事業部や部署向けに特化したサイト（例：総務の森）を移動時間帯や空き時間に閲覧しています。それらの情報収集源に広告を載せるのです。ビジネスでの取引相手や情報源を真剣に探している場合が多いので、一般的な消費者向けのサイトに比べヒット率が高いといえます。

②会員向けメールの配信

　上記①のサイトは、顧客を囲い込むため会員制をとっているところが多いようです。その会員向けにメール配信を依頼します。郵送に比べコストは格段に低いですし、インターネットは費用対効果が測定できます。例えば、職種のセグメントを企画・マーケティングに絞り込み、その職種の会員向けに新しいマーケティング手法や最近の成功事例をメールで配信します。職種セグメントを総務・人事・経理とするときは、メールの内容もその職種にマッチしたものに変更します。応答があれば取引が拡大します。

③ポータルサイトから検索キーワードを購入

　ビジネスパーソンが仕事上の取引相手を検索してくると思われるキーワードを、ポータルサイトから購入します。オークション制度になっているところも多く、人気のあるキーワードほど高価になりますが、その分効果も大きくなります。費用対効果が測定できるので、無駄を省いた効率的な営業が可能になります。

　キーワードの例としては、事務所の移転を考えている場合は「事務所／移転」、リース先を探している場合は「リース／業務用」というものにな

るでしょう。

（3）オンライン（ネット）からオフライン（実店舗）へのアクセス（OtoO：Online to Offline）

　O to O とは、インターネットを利用するオンラインでの活動とインターネットを利用しないオフラインでの活動をつなげて、両者の購買活動が相互に連携し合うことをいいます。言い換えると、インターネットを利用している人に対して、実店舗での購買行動に影響を与えることです。具体的には、インターネットで商品の口コミなどを調査してから実店舗に行き商品を買う行動や、インターネットで専用のプランを予約して代金の支払いをしてからその実店舗を利用することなどです。他にも、インターネット上の価格比較サイトで商品最安値を調べてから、実際の店舗に行き商品を購入することや、ソーシャルクーポンを扱うサイトでクーポンを購入してから、実店舗でそのサービスの提供を受けたり、商品を受け取ったりします。購買活動におけるオンラインとオフラインを区別すること自体意味のないことになりつつありますが、マーケティング戦略を考える上で、インターネットの利用は重要なことを認識できます。

　事例：グルーポンなど。

6-4-6　マーケティング・リサーチ（市場調査）

　マーケティング・リサーチとは、市場における自社製品の動向を調査・分析することです。その手法には、
- 市場全体の大きさを測定する
- 市場での自社商品のシェアを測定する
- 競合商品との比較を行う
- 新製品の売れ行き情報を入手する
- 消費者の購買層を確認する
- 自社ブランドのランクを測定する

　などの様々な調査項目があり、分析手段があります。

マーケティング・リサーチは、企業の販売戦略を立てる上で非常に重要な情報になります。マーケティング・リサーチが十分に行われ、必要な情報が入手できていれば、最も効率的な販売手法を立てることが可能になります。さらにマーケティング・リサーチは、新製品の創造にも非常に有効な手段になります。そのためには、現状の問題点や仮説の目的意識を明確にして、リサーチ・データを収集し、整理しなければなりません。

マーケティング・リサーチの具体的な手法を図表9に示します。

図表9 マーケティング・リサーチの手法

手法	概要
訪問面接調査	調査対象者を訪問し、個別面接を行う
訪問留置調査	調査対象者のところに商品を留め置き、後日面接調査を行う
パイロット調査	調査の企画に入る前に行う予備的な研究・調査
オムニバス調査	複数の調査依頼者を募集し、同一の調査に相乗りさせて行う調査
パネル調査	調査対象を長期間固定し、同じ様式の調査票を用いて繰り返し行う継続的な調査
郵送、FAX調査	対象者に調査票を郵送・FAXで送り、その回答も郵送・FAXで求める実査方法
電話調査	調査の手段として電話を利用する方法。質問、回答を電話で行い、その結果を手元の調査票に記入する
インターネット調査	調査の手段としてインターネットを用いる方法。リアルタイムで、大量なデータ収集が可能
会場調査	製品テストの1つの方法。あらかじめ会場を設定しておいて、そこに対象者を呼んでテストを行う
街頭調査	街頭で商品を提供し、その結果をヒアリングする

6-5 市場と組織の境界線

6-5-1 市場と組織の選択

　市場における資源配分機能と、企業内での資源配分機能との間にはギャップがあります。市場の資源配分が需給バランスによる価格決定メカニズムによって決定されるのに対し、企業内の資源配分は経営者によって決定されます。

　ここまで見てきたように、現実には様々な市場や企業が存在し、扱う商品やサービス、物流や地域の嗜好によって市場は異なる動きをします。企業内では、長期的に組織改編が行われないと大企業病が発生し、その機能に支障をきたします。そこで市場の失敗や組織の失敗が起こらないように、市場と組織の境界線を変えることが必要となります。

　企業は、企業グループや企業間ネットワークを構築することで、市場と組織の間に位置する中間組織を構築することもあります。企業は、どのような動機に基づいて、市場と組織、または中間組織の選択を行っているのでしょうか。少し抽象的になりますが、この問題を考えていきたいと思います。

　第1章であげた完全競争モデルで想定した自由市場に任せれば、商品の価格はその自らの調整機能により、最適な価格が決定されると考えられます。しかし、現実には次項で述べる「市場の失敗」が存在し、それを避けるために経営者は市場と組織の選択をしなければならないのです。

6-5-2 市場の失敗

(1)「市場の失敗」の原因

　市場の失敗とは、市場メカニズムが働いた結果において、経済的な効率性が達成されていない現象を指します。市場の失敗が起こる原因の代表的

なものとして、次のようなものがあげられます。
①市場取引を通さない外部性の存在
　例えば、公害や環境破壊などの外部要因により、財・サービスが供給されない状態がそれです。また、ある個人の経済活動が他の人々に不利益または利益を及ぼすことがあります。
②不完全競争による独占・寡占の存在
　独占企業には、市場原理が働きません。
③公共財の存在
　事例としては、フリーライダーによる過少供給が見られます。非排除性および非競合性により、市場で供給されないか、十分な量が供給されない財のことです。
④情報の非対称性の存在
　企業と消費者の情報量を比べると、明らかに消費者のほうが少ない。例えば、企業情報が開示されない株式市場では、一般投資家は公平な取引ができません。市場のプレーヤーが完全な情報を持っていない場合のことです。
⑤不完備市場の存在
　現実の市場は、完備市場ではないことがほとんどです。完備市場とは、経済活動をしている人々の間で、情報が行き届き、完全に均衡が保たれ、特定の人が優位になっていることがない状態を指しますが、完備市場は現実には難しいのです。例えば、ある財の供給費用が、消費者の支払意志額を下回る場合でも、供給者が存在しない場合があり得ます。
⑥不確実性の存在
　リスク回避的な供給者による過少供給が要因です。
⑦費用逓減産業の存在
　電力会社がその典型ですが、巨大な固定費のかかる産業では平均費用曲線が右下がりとなります。生産規模の拡大でコストが低下する場合の独占や寡占と同様です。

（2）「市場の失敗」への対策

　市場の失敗が起こる場合には、政府が何らかの方法で市場に介入するか、あるいは政府が直接的に財の供給者となる必要があります。事実、政府は市場の失敗を是正するための政策を実行しています。しかし、政府の介入が成功するとは限りませんし、国民の意思に合致しているとも限りません。

　北欧諸国のような福祉国家では相対的に政府が大きくなり、税金と保険料の合計を国民負担率とすると70％以上になっています。その代わり、高い福祉を実現し、就学は無料で、医療負担も軽く、高齢者の生活が保障されています。一方、米国では国民負担率は30％程度ですが、救急車や消防さえ自己負担となり、低所得者の生活は保障されません。

　国民の選好、税制負担、国の財政状態など、企業活動とは無関係の別の視点からの検討が必要な部分になります。

6-5-3　内部組織の経済学

（1）パレート最適

　内部組織の経済学では、パレート最適（パレート効率性ともいいます）という基準で資源配分の効率性を判断します。パレート最適とは、他の誰かの効用（満足）を悪化させることなしには、誰の効用（満足）も改善することができない資源配分の状態を指します。ミクロ経済学の基本定理では、前記の「市場の失敗」が存在しないとき、市場はパレート最適である。つまり、当初の適切な資源再配分により、市場において最適な配分が実現されているというのです。

　現実の企業行動を当てはめると、各企業の行動を効率的に比較することは難しく、効率的に比較するには、どの行動が企業や消費者にとって必要で最善なのかを判断することが前提となります。しかし、これは現実的ではありません。

（2）市場メカニズムの限界

市場の失敗はパレート最適を実現できないため、政府の市場への介入の根拠となります。また、市場の失敗以外にも、失業とインフレーションの発生をあげることができます。しかし、たとえ市場がパレート最適であったとしても、政府が市場に介入する場合があります。例えば、所得再分配などの社会保障です。資源配分において、効率と公平はトレードオフの関係にあるのです。

例えば、政府が国民の権利を保障するために供給する財の例として、医療サービスがあります。医療サービスについて、米国以外の主要国では、最低限の医療を受けることは国民の権利と考えられ、スウェーデンやイギリスのように公共サービスとして供給されるか、日本やドイツのように医療保険制度が整備されています。いかに医療資源を効率的に配分するかが課題とされているのです。一方、米国では、市場メカニズムを医療分野にも応用しています。

内部組織の経済学では、市場メカニズムに代わって取引という概念を導入します。取引を基本制度として考えるのです。価格決定メカニズム自体にもコストがかかっており、価格メカニズムの取引コストが上昇すると、企業はその内部組織を調整し、新たな組織を生成します。企業が外部市場よりも内部組織を考えるのは人的資源です。つまり、労働市場です。外部労働市場が完全であるならば、企業は必要な人材をいつでも調達できます。

しかし、現実には外部労働市場は完全ではありません。そこで、内部労働市場に着目します。内部労働市場とは、企業内での人材育成制度や慣行を指します。従業員を教育し、技能形成を行い、企業に必要な人材を育成し、市場の限界を補うのです。

(3) 取引コストと組織

取引コストにより垂直統合が行われたり、分社化が行われたりする事例について、大企業とその下請け企業を例に考えてみます。

大企業は、下請け企業から部品の供給を継続的に受けています。下請け企業は特殊な技能と製造ノウハウを有し、大企業の製品をつくるための必

需品を生産しています。大企業は安定した供給と適正な価格を算定するために、下請け企業の部品供給状況と経営状態を常に監視しなければなりません。それには情報収集コストがかかります。また、値下げ交渉や新製品開発状況を把握するための交渉コストもかかります。大企業はこれらの取引コストが高くなると、この下請け企業を自社の組織内に取り込んだほうが取引コストが低くなり、有利になると考えます。そのとき大企業は、下請け企業の吸収合併による垂直統合を実行します。市場から内部組織への移行の決断は、取引コストの大きさによってなされたのです。

　次に、反対の例を考えてみます。大企業はこのような合併を続けたため、企業規模が拡大し、管理部門が大きくなりすぎてしまいました。組織は官僚的になり、市場への反応が鈍くなり、組織の腐敗が目立ちます。その状態を修正するための管理コストが増大しました。大企業は、下請け企業を市場から内部組織に移行させたために組織内取引コストが上昇してしまったのです。それらが一定限度を超えると、大企業はこれまでとは逆に下請け企業を売却分離し、分社化を行います。つまり、内部組織から市場への移行を決定します。このことを「組織の失敗」といいます。

（4）中間組織

　前記の例のように、内部組織の経済学は、市場の失敗をきっかけに垂直統合などの組織への誘因が生じます。一方、内部組織も管理コストの増大や大企業病の発生により、分社化の動きや一部組織売却などの組織の失敗が起きます。しかし現実の世界では、市場と組織の2つに明確に分けることはできません。したがって、市場原理と組織原理の双方の特徴を併せ持つ中間組織というものが存在します。

　中間組織では、継続取引が行われています。市場での需給バランスによるスポット取引、組織における組織内取引の中間的な位置付けです。日本の大多数の企業は、企業グループ、系列、業務提携などの多様な組織形態を形成しています。そうした企業では、この中間組織が経済システムの中で大きな役割を占めています。

中間組織の特徴は、組織や市場のように固定的なものではなく、流動的なところにあります。中間組織は、経済環境、市場変化に対応して、市場原理、組織原理のどちら側にも動くことができる不安定性を持っています。この不安定性は重要で、中間組織の性格を強く持つ企業グループは、環境変化に柔軟に対応することができます。

6-6 企業の広告活動

　企業の戦略を成功させるには、まず、消費者または需要者に、商品やサービスを認知してもらう必要があります。そのために行うのが広告活動です。広告の内容や実施時期、広告の媒体により、効果に大きな差が出ます。また、大きな費用がかかるので、企業には入念な準備と戦略が必要になります。

（1）広告の目的
　広告で達成しようとする課題のことです。例えば、企業の知名度向上、売上増大目標の達成、社会的地位の向上、消費者に直接、商品・サービスの内容を知ってもらうなどです。近年、企業のイメージアップを目的として、商品を直接宣伝するだけではなく、ストーリー性のある広告を継続的に流すといった広告がよく行われています。

（2）広告の予算
　広告活動に支出する費用です。広告媒体別、特定期間別、商品・サービス別などで設定します。マス媒体のテレビCMが最も高く、効果が大きいようです。CMに登場する芸能人によっては、かなり高額になることもあります。インターネットは双方向性があるので、顧客の反応データを取ることができます。ワンクリックで価格を設定したり、検索キーワードで入札を実施したりして、費用対効果が明確に測定できます。

（3）広告戦略

　マーケティングにおいて、プル戦略の中心となるのが広告戦略です。プル戦略とは、顧客に対して一般広告やパブリシティ広告などを利用して購買意欲を喚起し、顧客が商品を指名して購入するように仕向けるプロモーション活動のことです。

　広告戦略は大きく、クリエイティブ戦略とメディア戦略に分けられます。

①クリエイティブ戦略

　広告で伝えたいメッセージをつくる戦略のことです。企業が、広告でこれだけは伝えたいと考える製品やサービスの属性を厳選し、絞り込むことでメッセージを明確にすることが重要になります。効果的に受け手に興味を持ってもらうためには、伝わるメッセージにする必要があります。例えば、テレビCMの場合は、キャッチコピーや記憶に残る映像、音楽などを準備し、周到な場面設定を行うことが必要です。

②メディア戦略

　広告媒体の選択、組み合わせ、時間帯などの設定戦略のことです。メディア戦略では、広告ターゲットの属性、地域、サイズなどに合わせて、予算の枠内で最も効果的なメディア・ミックスを構築することが重要になります。

　なお、テレビ、インターネット、新聞、雑誌、ラジオ、屋外広告など、それぞれのメディアで、広告に接する人も異なります。また、広告製作費や費用対効果（ヒット率）も違います。そのそれぞれの特性を生かして広告を組み合わせる必要があります。

（4）広告の評価

　企業は、広告がどの程度、商品・サービスの売上高向上に役立っているのか、また、企業知名度の上昇に貢献しているのか、様々な手法で測定し、その効果が最大になるように努力しています。地域が限定されているダイレクトメールや双方向のインターネット広告では、かなり詳細なデータが収集できるので、広告評価をすることが容易です。

（5）広告の媒体

　企業は限られた広告費の中で、広告媒体の組み合わせを選択します。ターゲットによりその効果は異なるので、どの広告媒体がよいかは一概にいえませんが、2008年にマスコミ4媒体（新聞・雑誌・ラジオ・テレビ）が50%以下に落ち込み、インターネット広告が急激に拡大しています。

　広告は、企業の広報部や宣伝部が広告の作成やその広告料金の交渉を広告代理店に依頼します。2021年の日本の総広告費は、おおむね6兆7,998億円となっています。

（6）広告媒体のシェア

　これまではマスコミ4媒体といわれるものが広告媒体の主流でした。新聞広告（効果指標は発行部数と注目率）、雑誌広告（同発行部数）、ラジオ（同聴取率）、テレビ（同視聴率）のことで、1951年の統計では約8割を占めていました。現在は新聞とラジオのシェアは低減傾向にあります。

　インターネット広告費については、1996年からの実績について1997年に推定を開始して以来、継続的に高い成長率を維持し、2021年には2兆7,052億円（前年比121.4%）となり、マスコミ4媒体広告費（2兆4,538億円、前年比108.9%）をはじめて上回りました。とりわけ映像系を中心に動画広告（YouTube、ニコニコ動画など）需要の高まりが顕著で、デジタルプロモーションの活用拡大も市場成長に寄与しました。

（7）新しい企業の広告活動

　企業の広告戦略で、これまでにあげてきた手段は広告費用を自社で負担するものですが、一方で、マスメディアを利用し、商品やサービスの存在を報道形式で告知してもらうパブリシティ広告といわれる手法が存在します。

　パブリシティとは、本来は広告という位置付けではなく、あくまでもメディアがニュースや記事として取り上げるものを指します。しかし、これ

をうまく利用すると結果的に広告と同様の効果があり、企業が意図する情報を、コストをかけずに世間に流すことができます。また、パブリシティ対応をうまく行うと、企業にとって好ましいイメージや新製品情報を流してもらえます。加えて、パブリシティは公的な立場で論じられるので、信頼性の高い情報として消費者や取引先に受け止められる利点もあります。

一方、公開が不要な情報や隠すべき情報については、広報部などでしっかりと管理する必要があります。企業としては、このリスクマネジメントの観点は非常に重要となります。

効果的なパブリシティには、広報担当者や役員による記者への適切な情報提供が不可欠です。大がかりな事業展開や新製品の発表などには、記者会見の実施やプレスリリースの配信を行うことが有効となります。

かつてユニクロが行った人間自動販売機（街頭にボックスを設置して商品を配布する）や飲料メーカーが行った無料自動販売機などは、目新しさからマスコミに取り上げられました。テレビ広告には秒単位で高額な広告費がかかることを考えると、映像付きでその奇抜な新商品販売促進活動をマスメディアで紹介されることは、費用以上に大きな効果があります。これは、一般の広告媒体とパブリシティをミックスした戦略で成り立っています。

6-7 企業と立地

6-7-1 製造業の立地

企業立地

日本企業は、経済がグローバル化していく中で、国内のみならず海外にまで活動の場を広げていきました。そして、場合によっては日本以外に活動拠点を構築し、生産活動を行ってきました。その結果、日本では産業の空洞化が起こった地域がある一方で、より積極的に国内で行われる活動に

ついて企業誘致に取り組む地域も出てきています。

　産業集積を取り巻く経済活動を進めるときに、企業の経済の流れに適合した、効率的かつ合理的な行動様式を理解することが必要です。そして、地域経済・社会との関連性を理解する必要もあります。製造業の立地を考えるとき、まず国内なのか、海外に移転させるのか、それともEMS（Electronics Manufacturing Service）を選択するのか、経営判断が分かれるところです。

　国内での製造業の立地は、生産に関するコストに直結する原材料や労働資源を中心とした生産性と効率性に重点が置かれています。また、地域に根付いている伝統工芸・技術や、製造に影響する気候・水質なども影響を与えます。そして、流通インフラや優遇税制なども考慮されます。

　国内ならば、生産拠点構築のリスク度合いは、想定と大きく異なることはありません。しかし、近年では大きなリスクを承知の上で、圧倒的な労働コストの安さを求めて、中国、ベトナム、インドネシアといったアジア諸国への工場移転が加速しています。近年、日本の製造業は、その生き残りをかけて海外進出を進めているのです。

　日本の製造業が海外進出を進める大きな要因は2つあります。1つは、先ほどあげた価格競争力を付けるために、原材料の調達と安価な労働力を海外に求めていることです。もう1つは、市場そのものを国内から広く海外に求めていることです。つまり、日本から部品やユニットを輸出し、現地組み立てを想定するのではなく、現地で生産し現地で販売する多国籍企業に進展しているということです。過去にあったような現地生産による貿易摩擦の解消ではなく、現地の豊富な労働力を使って生産した商品の実際の消費国としての海外進出なのです。

6-7-2 立地選択のポイント

　企業が、生産拠点となる工場を建築する際の立地として考えるべきポイントがあります。工場建設は多額の投資になるので、失敗したときの撤退

コストも含めた十分な試算が必要です。加えて海外では、政治の安定性、法規制、資本規制、治安、地域の宗教行事、労働力の質などの問題を調査しなければなりません。

以下に主な調査項目をあげておきますので、参考にしてみてください。

(1) 交通アクセス

道路、鉄道、航空、港湾のそれぞれについて、立地の近隣に位置する高速道路のインターチェンジや幹線道路との接続、新幹線・在来線の駅、空港、港までの距離と所要時間を検討することが基本的なチェックポイントになります。

建設する施設や取り扱う製品・商品の特性により、マッチした場所の選択方法は異なります。つまり、消費市場との距離、海外との航空物流に着目するのです。交通立地は用地費用に直結し、製品の価格に影響を与えるので、優先順位を明確にし、候補地を比較検討する必要があります。

(2) 既存インフラ

電気、ガス、上下水道の整備は基本です。加えて電力（安定供給、その電圧などの種類）や石油・天然ガスなどのエネルギー供給、工業用水・地下水の取水や排水処理、道路網・通信網について、現状と今後の整備予定状況を地元の自治体に相談しながら調査します。誘致する自治体では基本計画を策定し、工業団地などの開発やインフラ整備を進めているので、都道府県や市町村の将来計画書を参照しながら、現地の実状と将来をヒアリングします。雇用が想定される従業員などの生活に関わるインフラを含めて見ていくことが求められます。

(3) 取得コスト

必要とする適切な広さの工場用地を安価に確保できることが重要です。消費地に近いと流通面では有利ですが、騒音などの環境問題では制約されることが多くなります。また、消費地に近いと価格が高くなり、そのコス

トが製品に上乗せされ、価格競争力に影響を与えます。広さと安さが第一条件になりますが、交通アクセスやインフラの満足度、また購入するのか・賃貸するのか、その他にも維持に関わる費用を算定する必要があります。補助金・奨励金や税制の優遇制度などによってもコストパフォーマンスは異なりますので、総合的・多面的な判断が求められます。

（4）労働力

　質の高い労働力の確保は、企業活動の重大な要素になります。雇用は景気変動や人口流動に大きく左右されるので、中長期的な見極めが必要になります。地域の有効求人倍率や通勤圏内の人口（正社員、パート、アルバイトなどを想定）、高校・大学卒業者数の推移、地元定着率といった基礎データを入手します。そして、誘致している自治体の人材紹介への取り組み、Uターンの動向などを加味して考える必要があります。転勤や異動が多い場合は、事前に説明を十分に行う配慮も必要になります。

（5）地域との融和

　従業員の生活に大きく関係するので、入念な調査が必要になります。都市圏と地方圏とでは、考え方や生活リズムが異なります。必ずしも自然環境と生活利便性が相反するとは限らないのです。暮らしやすさは個人によって異なりますが、交通の便、商業・レジャー施設、学校・公共機関など基本的な生活環境と周辺の自然環境について調査します。

6-7-3　企業誘致

　企業誘致とは、主に国や自治体が中心になり、地域社会の産業振興を目的に企業を自分のところに来てもらうように呼び込むことです。主に雇用を創出する工場誘致を想定していることが多いようです。そのために自治体は、道路、港湾、電力、水資源などの産業基盤を整備し、税制面での優遇措置を誘致企業に提案し、進出しやすい環境を整えてきました。しかし、

近年はインターネットの普及により、地方でも遅れることなく最新情報が得られるために、従来型の工場誘致以外にもソフトウェア開発やコールセンターなどのサービス業でも企業誘致に成功する事例が出てきました。
　東京、大阪などの大都市への人口集中と少子高齢化の影響を強く受け、地域社会の人口減少が進んでいます。そこで即効性のある地域経済活性化策として、企業誘致に積極的な地域が多くなっています。企業誘致は、新規事業の創出や既存企業の成長よりも、地域経済へのプラス効果に即効性があります。
　企業誘致によって得られる地域経済への波及効果として
- 関連産業の集積
- 雇用機会の確保・拡大
- 税収の増加

などが具体的な実績として出ています。代表的企業誘致成功事例は、自動車・電機・機械などの工場・研究所、流通・商業施設、ソフトウェア関連、コールセンターなどです。まだ少ないですが、中小企業やベンチャー企業が大都市よりも運営コスト面で有利なため、その誘致条件により移転・設立される事例も見られます。
　誘致される企業側は、次のような条件を、進出しようとしている地域社会に求めています。
- 原材料などの入手の利便性
- 関連企業への近接性
- 必要用地面積の確保
- 手ごろな地価
- 労働力・人材の確保
- 自治体の助成・協力

　これらの進出条件は、業種や企業規模により異なりますが、立地選定の理由としています。
　一方、受け入れる側の自治体では、地域経済への波及効果を考慮して、助成や優遇措置を強化しています。具体的には、自治体が助成金を支出し

たり、納税を一定期間免除・減免したりするなどの措置を行います。地域社会としては、企業誘致が実現し、地域経済が活性化することによって、雇用創出に伴う人口の増加や生活者の収入アップが期待できます。また、地域の既存の事業者にとっては様々なビジネスチャンスが発生します。つまり誘致企業に関連する製造業ばかりではなく、人口増加、収入増加により、地域の小売店、飲食店、サービス業などの事業者にとって売上増大の機会となります。

6-7-4 工業団地と企業集積

（1）工業団地

　企業間の連携や効率性、住居地域と工業地域の分離で、住民の安全などを配慮して一定の区画の土地を工業用地として整備し、工場や倉庫を計画的に整備した地域のことを工業団地といいます。計画的につくられ、空港・港湾からのアクセスや都市との高速道路の結合など、産業基盤も整備されている場合が多いようです。そのため、企業にとっても進出しやすい環境にあります。それらの工業団地のほとんどのケースが都市計画法による工業専用地域に指定され、住宅、学校、病院などは建設できません。

　工業団地には様々な種類あり、内陸型（高速道路、鉄道での輸送）、臨港型（船での原材料の大量輸送）、臨空型（航空機の利用）などの交通のアクセス状況により分類されます。

　また、工業団地を建設の目的から分類すると、以下のようになります。

- 工業集積を図ることで中小企業の発展を目的にしたもの
- 大企業が効率的に生産できるように、郊外への工場移転を想定したもの
- 大学や研究所との産学連携を前提にしたもの
- 放射線、大量の電力供給、大量の水などの特殊な設備を必要とするもの
- 空港や高速道路などの新設で地域の利便性を高める目的のもの

　近年は、上記以外にも各業種に対応できるように様々なスタイルの立地形態が登場しています。経済成長の著しい東南アジアでは、国策で企業を

集積させて、総合的な工業促進のための工業団地がつくられています。

(2) 企業集積

　企業集積とは様々な企業が１つの地域に立地することです。異なる業種の企業が立地することで、進出企業同士にメリットが発生します。多くの企業では、「集積の経済」という経済学でいうところの「外部経済」が発生します。具体的には、取引関係にある異業種の企業が同一地域に集積することで、取引に伴うコミュニケーションや交通移動に関わるコストを削減できます。また、異業種の技術者が簡単に集まることが可能になるため、新しい発想や技術が生まれやすい環境が整います。それらが生産性を向上させ、企業にとって有利に働くのです。

6-7-5　産業の空洞化

　産業の空洞化とは、企業が以下に示す様々な要因から、生産工場や配送拠点を海外に移すことにより、国内の生産能力が低下することをいいます。空洞化が起きると、国内の雇用が減少し、人々の生活に大きな影響が出ます。また、企業集積が崩れていくため、新しい産業が生まれにくくなります。

(1) 企業が海外進出を進める要因

　企業が海外進出を進める要因は、大きく分けて２つあります。１つは海外市場を求めての進出であり、もう１つは人件費や材料費などコストを削減するための進出です。

　海外市場を求めての進出では、例えば、北米に車の輸出を増加させるため、継続的な需要が見込め、大きな市場がある国に工場を建設し、現地での生産を行います。現地生産を行うことで、輸送費用が下がって価格競争力が増します。また、貿易摩擦を回避することもできます。

　コストを削減するための進出は、円高が進むと国内生産では価格が割高

となるため、国際競争力がなくなります。そこで、豊富な労働力を確保でき、かつ人件費が安価な中国や東南アジアの国々に進出する事例が増加しています。生産に欠かせない原材料の産地に生産拠点をつくることも行われています。輸送コストを下げ、安定した原材料を確保して安定した経営が可能になります。

これらの複合的な要因から海外進出を決めている企業がほとんどです。

近年、企業が生産拠点を海外に移転する理由をまとめると、以下の3点になります。

- 円高になると価格競争力が低下する。海外市場に商品を供給し続けるためには、円高の影響を受けない海外での生産が必要になる。
- 輸入品が相対的に割安になり、国内生産の採算が合わなくなった。国内需要を維持するためには、海外で生産して価格を下げ、日本に輸入する必要がある。
- 企業の国際化を進展させ、多国籍化することで、世界的な競争に打ち勝つ必要が出てきた。そこで海外への直接投資を増大させるようになり、それが国内投資の代替となっている。

以上の3つの要因により、製造業が国内生産を縮小させることで産業の空洞化が発生しています。また、その経済的背景には、急激な円高、安価な労働力による世界の生産基地としての地位を固めた中国の急成長、その後の東南アジア諸国の成長があります。

（2）産業の空洞化がもたらす問題

産業の空洞化がもたらす深刻な問題としては、
- 国内産業の衰退が地域経済の衰退や日本の経済成長率の低下につながっていること
- 企業の海外移転で国内の雇用が減少し、失業率が上昇していること

などがあげられます。

世界レベルの産業の発展や、かつての日本の経済成長の歴史を振り返って見れば、この産業空洞化の流れは当然のものと捉えられます。しかし、

このままでは日本の産業が衰退してしまうため、この流れを前向きに捉え、解決策を早期に発案する必要があります。

　世界経済の中で日本は、新たな産業構造に転換することが必要なのです。そのためには、今よりもさらに産業の高付加価値化を進め、生産性を向上させるためのイノベーションが求められます。

6-8　BCP（事業継続計画）

　日本企業は、世界経済の変化、例えばGDPR（EU一般データ保護規則）やSDGs（持続可能な開発目標）などの外部の法制や標準に従うために、自社の制度や戦略を変更し、経済活動を円滑に進める計画を立てています。これがBCP（事業継続計画）です。

　日本企業は海外との交易によって成り立っているので、中長期の事業戦略を計画立案し、実行していくことが必要になります。このとき、外圧に従うということは情報のタイムラグと法整備に時間を要することから、発案国に比較してどうしても不利になります。また、新型コロナウイルス感染症により、急速にテレワークやリモートワークが広がりました。他にも、2022年のロシアのウクライナ侵攻などによって世界経済に異変が起き、日米欧の金融政策の違い（金利差）により、為替相場が円安傾向に動きました。このように世界に対応する意味で、BCP（事業継続計画）が必要なのです。

　BCPとは、世界経済の大きな変動（戦争、紛争、病気、災害）などの緊急事態における、企業や団体の事業継続計画（Business Continuity Planning）のことです。このBCPの目的は、自然災害のみならず、過激派によるテロやサーバー攻撃でのシステム障害など、危機的な状況に遭遇したときに損害を最小限に抑え、重要な業務を継続し早期復旧を図ることにあります。特に日本では2011年の東日本大震災を経験したことで、その重要性がますます注目されています。

第6章　企業の戦略

　BCPは、単なる防災対策とは異なります。その違いは、目的を「事業の継続」に明確に置き、具体的な「行動指針」を示していることです。緊急時にも事業を途切れさせず継続し、早期の復旧を実現できれば、顧客の信用を維持できます。ステークホルダー（株主や市場関係者）からの高評価を得て、それが企業価値の維持と向上につながります。また、社会的な信頼も獲得できるので企業の成長につながります。

　政府（内閣府）は、2005年に公表した「事業継続ガイドライン」の中で、BCP策定を強く推奨しています。この「事業継続ガイドライン」は、2021年に改訂された最新版が公式サイトからダウンロードできます。そして、その中にはSDGsの考え方が含まれています。

　現実には、東日本大震災時にBCPが機能しないケースが多々発覚しました。BCP策定の内容に不備があり、または古すぎてBCPが有効に機能しなかったのです。その主な要因は、①BCPが従業員に周知徹底されていない、②適切な代替戦略が定まっていない、③対応策が古く実現可能ではなく、技術者等の専門家が外部依存で実際の場面で行動に移せない。④情報設備システムが高度化しており対応できない等、目標時間での対応が不可能だったのです。

　BCPは策定するだけではなく、変化する環境に合わせての継続的な改善が必要になります。それには、SDGs、脱炭素等へ動いている経済の現状を把握し分析した上で、次の戦略を計画しなければりません。自社にとってのリスク度を分析し、優先順位を考慮したBCP立案を立てることになります。

6-8-1 …「リスク確認から始まるBCP策定のステップ」

　BCPをはじめて策定するときは、段階を踏んで順に進めていく形をとります。
STEP1：BCP策定の目標設定
　企業の経営理念や基本方針を念頭に、事業継続ために必要なものを見

直して、目標を設定します。①従業員の人命を守るため、②供給責任を果たすため、③クライアントからの信用を維持するため、④地域社会への貢献のためなど、経営者の念頭にある基本方針を確認します。

STEP2：重要な業務の順位付け

次の段階で取り組むのは、企業や団体にとって最も大事な業務が何であるかを明らかにする作業です。災害時、事業を継続するに当たって最も優先すべき「中核事業」を選定します。例えば、「最大売上を計上している事業」「取引先への納期遅延による損害が甚大な事業」「市場や社会への信頼に関わる重要な事業」などです。人手、情報、物資などの生産、サービス提供に要するリソース（原資）が平常時より極めて少ない状況で「優先して継続すべき事業は何か」という視点で洗い直します。リソースが、平常時より少なく、準備できる範囲内で活動できる場合を想定して、それでも継続できる事業を考えます。東日本大震災での経験からわかったのは、製造業は、サプライチェーンの堅守が最も大切な中核事業の優先事項だということ。地域密着型の小売業（コンビニ、スーパー等）やサービス業なら、食品や生活必需品の販売やサービス提供の継続になります。

STEP 3：リスクの洗い出し

次の段階で行うのは「リスクの洗い出し」です。企業は「リスク」を明確にしておかねばなりません。そして、STEP5へつなぎ、具体的な対策や対処法をあらかじめ決定しておきます。リスクの代表例としては、地震・台風・火災などの災害や事件・事故、伝染病の流行、システム障害やサイバー攻撃などです。津波、洪水や地盤沈下など立地による特有のリスクも検討すべき事柄です。これらの災害を想定し、事業に及ぼす被害を具体的な形で洗い出していきます。

STEP 4：リスクに優先順位を付ける

災害時の限られたリソースを効果的に投入するために、リスクに優先順位を付け、優先度の高いリスク順にBCPを策定します。優先順位の

決定要因は、リスクの発生頻度とその影響の大きさです。津波は数百年に一度かもしれませんが、その影響度は甚大です。最低限の防御をしておかなければなりません。一方、台風は毎年発生しますが、通常の規模くらいならば平時の通常対処で足ります。ビジネスインパクト分析（BIA）の導入は、より精度の高い BCP の策定に効果的です。BIA は、災害時に優先させる業務を洗い出すための具体的な基準や指針となるもので、「評価軸」と「時間軸」で被害のリスク分析を行います。

STEP 5：実現可能な具体策を決める

BCP では、非常時の指揮官を決めておきます。指揮命令系統を明確にし、詳細な具体策をあらかじめできるだけ想定して決めておきます。実際には想定どおりにはいかないものですが、細かく具体的な内容を策定しておかないと、緊急時に対応が難しくなります。人的リソース（内部で対応できる人材データ）、施設・設備（予備電源、原料在庫の確保）、資金調達（クレジット枠の設定）、体制・指示系統（緊急時）、情報（通信手段）の５つの視点で細かい内容を決めておくことが大切になります。

図表 10　BCP の手順

1	目標設定	経営理念、方針を守った事業継続にための目標を設定する
2	重要性の順位	事業継続のために必要なものの優先順位を付ける
3	リスク分析	想定されるリスクを洗い出す
4	リスクの順位	リスクの発生頻度とその影響から順位を付ける
5	実現可能な具体策	有事の指示系統、担当等の緊急時対応体制を構築する

6-8-2 ……「災害発生時の復旧までの流れを把握する」

BCP を実践可能な具体策にするためには、災害発生から平時に戻すまでの流れを明確にしておく必要があります。その流れは次の３ステップです。

STEP1：被害状況の確認

　STEP1ですべきことは「確認」です。被害発生状況と現状把握が肝心です。代表例として、従業員の安否確認、現場の被害状況、避難指示や待機などの命令発動状況の確認などです。さらにスマホなどを活用できれば、双方向での情報共有ができます。緊急時にどのような連携手順を踏んで、どのような手段で情報を共有するのかを事前に取り決め、全社的な協力体制を整えるようにします。

STEP2：代替手段での応急処置

　STEP2で行うことは「代替」です。災害時の人員や設備の代替ができる仕組みを事前に構築しておきます。そのために、中核事業に必要な資材や設備を事前把握し、緊急時の代替手段を確認しておきます。例えば、工場などの物理的破損に備え、各設備の機能を調査し、代替可能な設備（旧設備など）を確保しておき、切り替えのタイミングや手順、体制を決めておきます。緊急時の人材確保手段として、リモートワーク環境の構築は効果的です。リモートワークの環境が整っていれば、従業員が出社しなくても安全な場所から業務を継続できます。

STEP3：平常操業への復旧作業

　STEP3が「復旧」です。被害を受けた部分を復旧し、平常操業に戻す手順を整えます。施設や設備などのハードウェアと、サーバーやネットワーク機構などソフト面の復旧が課題となります。早急な復旧を行うためには、平常時から稼働している現行設備やシステムの設計、設定などを正確に確認し、稼働ログなど重要な情報を保護・保存（バックアップ）しておく機能が重要になります。現在は、ネット回線の信頼性が高くなり、安全なクラウドサービスが登場しています。遠隔操作も念頭に、通信インフラ維持が重要になります。インターネットは、もともと単線の通信設備が切断されたときの対策として開発された技術です。災害時に通信回線が分断されたときでも、ネット回線が確保でき、情報をクラウド上に保存できていれば、復旧作業が容易になります。

第 6 章　企業の戦略

6-9　人材育成：企業変革に必要な人材

　日本経済を再生し、さらに発展させていくには、必要な人材を確保しなければなりません。急速な進歩を続ける人工知能（AI）やクラウドワークスの活用は、今後、どのような業種の企業でも必須です。政府も理科系の学生を増やす努力を始めています。

　近年はクラウド上のサービスで、アプリケーションをインストールすると使える「SaaS（サース）」、「PaaS（パース）」、「IaaS（イアース）」と呼ばれるサービスが増加しています。すでに当たり前のように日常でスマホやパソコンを経由して使われているサービスです。利用者は、技術的な知識は不要です。しかし、運営サイドや企業が安定して活用するためには、保守、運営に技術者人材が必要です。文科系人材でも、この「SaaS」分野ならば十分に活躍できます。

6-9-1　ネットサービスに対応する人材

　「SaaS」「PaaS」「IaaS」のサービスについて簡単に説明します。通常はものすごく便利な機能・サービスですが、ネットにつながらないと全く機能しません。また、自身・自社のカスタマイズには制約があります。活用には、ネットにつなげるための最低限の知識とトラブル発生時の対応力が必要になります。

(1) SaaS の特徴

　　SaaS（サース）は「Software as a Service」の略称で、ベンダーが提供するクラウドサーバーにあるソフトウェアを、インターネットを経由してユーザーが利用できるサービスです。一般的に、SaaS は提供されるソフトウェアを、ASP（Application Service Provider）はサービスを提供する事業者やビジネスモデルのことをいいます。

　　SaaS には以下のような特徴があります。

①インターネット環境があればどこからでもアクセスできるサービス
　　ソフトウェアはクライアントのアカウントごとに提供されているため、オフィスだけでなく、自宅や外出先からもアクセスが可能です。また、デバイスが違ってもアカウントが同じであれば、同じサービスを利用することができ、リモートワークなどの働き方にも大きな影響を与えています。
②複数のチーム、複数の人数で編集や管理ができるサービス
　　ドキュメント編集機能、ストレージ機能が搭載されているSaaSでは、複数のチームや複数のユーザーで同時にデータの管理・編集ができ、1つのファイルを共有して、同時に管理・編集もできます。
　　＜SaaSの代表例＞
- Microsoft Office 365などのオフィスソフト
- GmailなどのWebメール
- Dropboxなどのオンラインストレージ
- サイボウズなどのグループウェア
- メルカートなどのECカート

③ソフトウェアの開発不要で、導入コストが安価
　　SaaSでは、クラウドサーバーのソフトウェアを利用するため、ソフトウェアの開発は必要ありません。ソフトウェアの開発費用は不要です。また、導入への準備期間も短く、導入コストを大きく下げることが可能です。また、従業員の増減に合わせて、アカウント数を増減でき、無駄なコストがかかりません。

④ユーザー側の管理が不要で、ランニングコストが安価
　　自社開発やパッケージ型のソフトウェアの場合、最新バージョンへの更新やセキュリティ対策などは、すべてユーザー側の仕事です。しかし「SaaS」では、サービスを提供するベンダー側でバージョンアップを行うため、サービス内容も最新でセキュリティの面は常に最新です。ソフトウェアの管理に手間がかからないため、ランニングコストを低く抑えることができます。

⑤ソフトウェアのカスタマイズ自由度が低い

　デメリットとしては、ソフトウェアの機能が限定されてしまいます。基本的にソフトウェアのカスタマイズには制約があり、ベンダー側が提供している以上のサービスは利用することができません。自社の業務に最適のサービスが見つからない場合、提供されるサービスに合わせて、社内の運用や業務形態を変更する必要があります。

(2) PaaS の特徴

　PaaS（パース）は「Platform as a Service」の略で、アプリケーションの実行に必要なプラットフォームであるネットワークやサーバーシステム、OS やミドルウェアなどを、インターネットを経由して利用できるサービスです。カスタマイズしやすくなりますが、それに対応する技術者が必要になります。開発に必要な言語や管理システム、OS などのプラットフォームを利用できます。PaaS では、複雑で面倒な開発環境を整備する手間がなくなるというメリットがあり、自社でシステム開発に注力したいという場合に適しています。しかし、開発言語やデータベースはベンダーが提供しているものに限られるというデメリットがあります。Amazon Web Services（AWS）や Google cloud Platform などが、代表的なサービスです。

(3) IaaS の特徴

　IaaS（イアース）は「Infrastructure as a Service」の略で、情報システムの稼動に必要なインフラとなるネットワークやサーバーシステムを、インターネットを経由して利用できるサービスです。IaaS では、ネットワークやサーバーといったインフラの運用を低価格でベンダーに任せられるというメリットがあります。デメリットとしては、インフラ設計やサーバー管理・運用のスキルといった専門知識を持った技術者を自社で雇用しなければなりません。Amazon Elastic Compute Cloud（Amazon EC2）、Microsoft Azure、Google Compute

Engine（GCP）などが代表的なサービスです。

　SaaS、PaaS、IaaSの違いは、提供するサービスの構成要素の段階によって区別できます。IaaSは、システムの構築に必要なサーバー、ネットワークを提供します。IaaSにプラスして、OSやミドルウェアまでを提供するのがPaaSです。アプリケーションを含めて、まとめて提供するのがSaaSという分け方になります。活用する場合は、それぞれの仕組みに応じた技術者を雇用しなければなりません。さらに、すべてのコンピュータ処理に必要となるXaaS（X as a service）というサービスもあります。用語を正しく理解して、適切なサービスを選定します。自社の開発環境に合ったサービスを選び、より効率的なECサイト構築することになります。

　このときに重要なことは、①サービスにもコストに差があること、コストだけではないことを理解すること、②すべてのサービスを受けるということは、自社の情報をサービス会社と共有することになること。つまり、情報が洩れる可能性があること、③サービスの提供を受けると、その分野のシステム開発が自社では行われなくなること。自社に技術者が不要となる代わりに開発意欲が止まる、④サービスの提供が止まったときに大きな影響を受けること、などです。

6-9-2 … 企業の設備の更新、新設備との接続に必要な人材

（1）設備更新（旧設備との接続）

　2021年から2022年にかけて、みずほ銀行で大きなシステム障害が発生しました。直接的な要因は、ソフトウェアの設定ミスやバグの存在、ハードウェアの故障、性能不足、法令についての理解不足などですが、新旧のシステムの接続で不具合が出ました。経営陣は、システムに関するリスクや専門性、IT現場実態の軽視、顧客影響に対する感度が甘く、判断ミスがあったといわれています。工場の設備増設や新規設備との接続など

でも、同様な事件は起きています。企業は様々な設備や施設を更新していきますが、投資資金には限度があり、すべてを一気に最新設備に更新することはできません。どうしても旧設備との共存が必要になります。そのときには新旧の技術について知識を持った人を確保しなければなりません。そこで、前述のSaaSなどのクラウドサービスが伸びているのです。しかし、クラウドは、機密保持契約を締結しているといえども、それには限界があることを認識してサービスを活用しなければなりません。

（2）データの集約化と活用

企業の工場では、設備更新、新設が日常的に行われています。ファクトリーオートメーション（FA）の標準部品を扱うだけでは工場は動きません。大企業からの大量注文は価格競争にさらされます。細かい注文に対応しなければなりません。そのため、顧客からのデータを集約し、次なる提案を行います。企業によっては、自社以外の他社商品も含めた生産設備関連部品、製造に必要な副資材や消耗品などと組み合わせて商品を提供することもあります。また、「半製品」を大量生産し、各社のニーズに合わせて、個別に現地で加工することもあります。すべてデータの集約化で見つかった改善策です。DX化は、複合的な人材を必要とします。一方で、難易度はそれほど必要としない（文科系人材の教育で足りる）場合もあります。

6-9-3　学び直し

（1）リスキリング（学び直し）

リスキリングとは、技術革新やビジネスモデルの変化に対応するために、新しい知識やスキルを学ぶことです。外務省の資料によると、2020年の世界経済フォーラム年次総会（ダボス会議）において、「リスキリング革命（Reskilling Revolution）」が発表されました。経済産業省は、リスキリング（Reskilling）を「新しい職業に就くために、あるいは、今の職業で必要とされるスキルの大幅な変化に適応するために、必要なスキル

を獲得する／させること」と定義しています。「リスキリング＝DX教育」の意味で使われることもあります。

　また、リスキリングは、社会の要請により就業者のスキルを変質させるという意味において、学びを提供する企業側が積極的に行う教育となります。しかし、その場合も学ぶ本人の主体性が必須です。そのため「獲得する／させる』と双方の視点からの表現が併記されているのです。

　日本企業は欧米諸国と比較して、従業員への教育に投資をしません。職種の変更などの異動希望もあまり聞いてもらえません。スキルアップにつながる副業を認める企業もごくわずかです。従業員投資を拡大しないと、日本企業は世界経済で大きく後れを取ることになります。

（2）リカレント教育
　リカレント教育とは、リカレント（recurrent）＝「循環する」「繰り返す」といった意味の教育で、各人の必要なタイミングで教育を受け、また仕事に戻ることを繰り返す仕組みのことです。仕事を持ちながら、業務と並行しながら学ぶリスキリングと違い、リカレント教育は、一度仕事を離れて大学などの教育機関で学び直すことを指します。通信教育で、仕事をしながら学習することも含みます。

（3）アンラーニング
　アンラーニング（unlearning）は、「学習棄却」とよばれ、既存の仕事の信念やルーティンをいったん捨て去り、新しいスタイルを取り入れることです。「2025年の崖」（経済産業省、DXレポート）のように、現状のままでは、日本企業は崖から落ちます。新たな発想が必要なのです。そこで、ビジネスモデルの変化が激しい時代、従来の方法を一度捨てるという意識が重要。従来からの知識・スキルで、今後有効でないものを捨て、新しい知識・スキルを取り込むことです。捨てることに注目し、強調したのがアンラーニングです。

6-10 企業の国際化

6-10-1 国際化・グローバル化にあたっての課題

　日本は今後、人口の減少が確実であることから、国内市場の規模は横ばい、もしくは縮小傾向と予想されます。国内市場が停滞する以上、企業が成長していくためには国際化・グローバル化が不可欠の課題となります。

　過去の日本企業のトレンドを振り返ってみると、1960年代は繊維の輸出、1970年代は鉄鋼、1980年代は自動車・半導体、1990年代は海外移転となっています。2000年代に入るとインターネットに代表されるIT技術が進展し、情報収集コストが劇的に下落し、瞬時に情報伝達が行われるようになりました。そして国際的な資本の移動が活発化し、国際分業体制が構築されています。

　しかし、日本企業はこの国際化・グローバル化にあたって、いくつかの問題を抱えています。その中で最も深刻な問題は人材です。高い技術力と勤勉性を併せ持つ団塊の世代が退職していく一方、若者は少子化の影響で人口が少なく、競争のない状態で育ったためにどちらかというと現状維持派で、行動力や海外に出ていく積極性に欠けています。

　また、低成長が長く続いたために、大企業、中小企業ともに余裕があまりありません。企業は、世界レベルで資本・消費・情報の動きを判断しながら最適化を図らなくてはならないのです。いわゆる団塊の世代の、定年後の有効活用と、若者の教育・人材育成が企業に課されています。グローバル人材の育成は今日の企業の急務なのです。

6-10-2 グローバル人材の育成と人事体制の転換

　グローバル人材とは、企業の国際化が今後さらに進展したとき、海外拠点と日本本社との双方で活躍できる人材のことです。

従来、日本企業は、海外現地法人の幹部として日本人を送り込み、その日本人を通して現地の人々を採用してきました。そして、現地採用の従業員と本社が直接関わることはなく、それぞれのキャリアパスは異なり、本社従業員とは全く異なる扱いをしてきました。しかし、国際的に通用する人材を育成するためには、こうした扱いは改めなければなりません。国籍に関係なく、優秀な人材が企業本体の幹部ポストに就ける、グローバルな人事体制を構築する必要があります。

　国内市場だけでは成長することができず、世界に市場を求める以上、人材を広く世界に求める体制が必要です。この体制の例として、スイスのノバルティス、ロシュ、ネスレ、フィンランドのノキアなど、比較的小国の大企業が参考になると思います。これらの企業は、当初から世界で活躍することを前提にした教育体制を敷いています。また、M&Aを含めて、世界から人材を集めることに積極的です。この部分は日本企業と根本的に異なるところです。

　しかし、このような人事体制を直ちに構築できたとしても、求める人材が育つまでには、かなりの年月を要することを覚悟しなければいけません。なぜなら、現代の「日本人中心の海外拠点経営体制」から「日本人主導のグローバル体制（現地人主導の現地経営体制）」へのシフト、さらには「国籍に無関係で優秀な人材が重要ポストに就ける人事体制」へと、大きな転換が要求されるからです。

　上記の人事体制の転換は、当然、組織管理ができていることが前提になります。海外現地法人との人事交流が行われ、本社の経営判断に海外の意向が反映されると同時に、本社の意向が現地で実施されるような組織を構築しなければ、企業の国際化は難しいのです。

　良い人材を見つけても、本社機構と共存させる必要があります。日本本社が、海外の優秀な人材のために役に立つ組織でなくてはなりません。長期的視野に立ち、企業のシステムとしてグローバル化を推進しなければなりません。国の内外を問わず、すべての人材を組織のコントロール下に置くことができる人材制度を構築しなければならないのです。そうしないと、

一部に権力が集中し、暴走を引き起こして失敗する例が多々あります。

6-10-3 加速する国際化・グローバル化の働き

　グローバル企業は、世界中の能力を活用することができる企業です。グローバル展開（グローバル・インテグレーション）の障害は、マネジメントの不足が大きな要因です。世界中の能力を活用できるかどうか。これが今後グローバル化競争に生き残れるかどうかの別れ道となります。そのためには、企業戦略や問題解決を日本人のみで行うのではなく、誰もが見えるオープンな場でコミュニケーションができるグローバル人材の育成が必要になります。そのためには、語学能力が必要になります。市場が欧米から新興国に移っていく過程で、自分より英語力のない人と交流する機会が増えます。相手の言っていることを理解して、自分の考えを伝え切ることが大切です。

　日本企業のグローバル化は、輸出→現地販売→製販合体→企業買収→グローバル・インテグレーションという5段階のステップをたどってきました。近年、このステップが、情報伝達コストの低下と人材交流のグローバル化によって急速に短縮されています。例えば、米国のGoogleやFacebookがその事例です。あっという間に世界60か国で事業を展開しています。米国は、世界各国から留学生を集め、差別なく教育しています。また、優秀な人材を移民として受け入れているので、グローバル化しやすいのです。

　また、既に世界では、M&A（mergers and acquistions：合併と買収）によるグローバル化は一般的になり、日本企業でも最近は積極的に行われています。国境を越えたM&Aによって、本社の所在地という考え方があいまいになっているくらいです。本国・海外の区別が無意味になり、無国籍化が進んでいるのです。

　M&Aの実施にあたっては、調査・分析力の他、高度な経営力が問われます。その力さえあれば、急速なステップアップが可能な時代になりまし

た。日本企業にも、更なる国際化が必要なのです。日本で成功してから海外に進出するのではなく、世界市場を同時に捉えるアプローチが必要なのです。世界で国際化を急ぐ企業が増えているのは、インターネットの普及によって、従来型の順序立てた段階を踏んでいく時間的な猶予がなくなり、世界的な大再編成が可能になってきたからです。インターネットによる情報伝達コストの急低下によって、世界全体をはじめから市場として捉え、その市場性を分析し、それぞれの国別・地域別の市場を考えながら世界市場にアプローチすることも可能なのです。世界を同時に、冷静に距離を置いて見ていくことが求められます。

6-10-4　組織はWeb型に

　企業のグローバル化とともに、会社組織の変更が必要になります。従来型の頂点に日本本社があって、下に現地法人が来るピラミッド型組織ではグローバル化とはいえません。各国の法人がWeb型組織になり、いろいろな経路で意見交換できる、Web型につながった組織体が要求されます。

　つまり、日本を中心に考えるのではなく、世界を等距離で見ることが求められるのです。世界の最適地に企業の機能を集約し、総合体で活躍できる組織にするのです。そのためには、世界とコミュニケーションできる優秀な人材が必要になります。そこに経緯分析や戦略策定の能力を持つ人材を加えて、リーダーシップのある者が全体をまとめる形にしていくのです。日本企業の国際化には、企業体質を変えるという発想が必要です。

6-11 企業の知的財産権

6-11-1 企業の知財戦略

　企業の知財戦略とは、研究開発により自ら創造した特許などの知的財産の権利化を行い、その権利を行使することで自社の産業競争力を高めていくものです。つまり、新しい技術、製造方法、ソフトウェアなどを特許権や著作権で保護しながら、製品にすることで利益に結び付けることです。地下資源に乏しい日本が生き残るためには、知的財産を創出し、有効活用する必要があるのです。

　日本経済全体は、製造業中心のスタイルからの転換時期にきています。知的財産の創出を産業基盤に据えることで、将来の日本の活路を見出していくことが求められているのです。

6-11-2 知的財産権の種類

　知的財産権とは、物に対して個別に認められる財産権とは異なり、無形のものです。研究開発の成果や業績を認めて、創出された新しく進歩的な表現や技術などの功績と権益を保証するために、発明者に与えられる財産権のことです。

　日本や世界において法律で定められ認められている知的財産権には、以下のようなものがあります。それらは産業財産権ともいわれ、企業戦略上非常に重要なものです。知的財産を保護するために、各国の法律でその知的財産権を保護しています。

（1）特許権

　特許を受けた人に発明を実施する独占的権利を与え、発明を保護するものです。特許法に基づき特許庁に対して特許出願を行い、審査を経て認め

られなくてはなりません。そして、特許を取得すると、その内容は公開されます。

　特許権を得るためには、新規性、進歩性が絶対条件で、それがない発明には特許が与えられません。特許法では、発明は「自然法則を利用した技術的思想の創作のうち高度のもの」と定義されています（第2条）。特許発明の技術的な範囲は、特許請求の範囲に基づいて決定されます。

　特許権者は、特許発明に関して独占・排他的な権利を有します。他人が無断で特許発明を実施した場合には、特許権者はこのような侵害行為を停止させ（差止請求権）、特許権侵害によって被った損害を賠償させることができます（損害賠償請求権）。

　特許権は特許庁への登録によって発生します。存続期間は特許出願の日から20年です。審査は、出願後に審査請求をしなければ行われませんが、出願日は記録されます。審査には費用がかかります。そして、登録後は毎年特許料を支払わなければ権利を維持することができません。

　企業は、特許を取得すると、その管理維持にコストが発生すること、特許を取得するとその内容が公開されるので、場合によっては少し内容を変更して真似される恐れがあることを認識する必要があります。

（2）実用新案権

　実用新案権とは、実用新案法に規定された産業財産権の1つで、物品の形状、構造、組み合わせに係る考案を独占排他的に実施する権利です。特許法と同様に、実用新案権の設定登録によって権利が発生し、存続期間は出願から10年です。

　実用新案権は、特許権と異なり審査がありません。実用新案権者は、自己の実用新案権を行使することができますが、侵害者などに対して権利を行使するためには、特許庁による実用新案技術評価書の提示が必要となります。

　権利を行使した後で、その技術などは公知技術だと判明して、登録実用新案の無効審決が確定した場合は、権利行使者が損害賠償責任を負いま

す。この損害賠償責任は権利行使者に過失がないことを立証しないと免責されないので（無過失責任）、権利行使時には慎重な調査・検討が必要になります。そのため、企業側からすると、リスクがあるにもかかわらず有効な手段とはならないため、実用新案権の申請は大きく減少しています。

（3）意匠権

　意匠権とは、新規性と創作性があるデザインについての権利をいいます。美感を起こさせる外観、物品の形状、模様、色彩など、従来にない創作デザインについての権利で、工業利用性のある工業デザインも含まれます。

　意匠権は、意匠法の規定による産業財産権で、権利期間は出願日から最長25年（2020年3月31日以前の出願は登録から最長20年）となります。なお、工業デザインについては、量産可能なものである必要があります。量産可能でないものは、美術品として著作物になります。

　意匠を登録するためには、特許庁に出願し、新規性、創造性などの要件を満たしているかどうか審査を受ける必要があります。なお、特許権と異なり、出願物がすべて審査されるので審査請求は不要です。

　企業にとって、意匠権の取得は戦略上非常に重要です。商品の性能がよくても、デザインが悪いと売れないからです。

（4）商標権

　商標に化体した業務上の信用力（ブランド）を保護するためのもので、商標法に規定された産業財産権です。自社商品と他社商品を区別するための文字、図形、記号、色彩などの組み合わせを独占的に使用できる権利で、特許庁に出願し登録することで、**商標権**として保護の対象となります。商標権の存続期間は10年ですが、10年ごとに更新が可能で、毎年費用が発生します。

　商標権については、日本において既に使われている商標を中国などで先に登録することが大きな問題になっています。企業が中国に進出するときには、こういった部分に注意が必要になります。

（5）著作権

著作権とは、著作物（作品）の利用を制限できる権利で、著作権法により思想・感情の創作的表現を保護されています。著作権は特許庁に出願する必要はなく、文章、映画、美術品などを創作した時点で自然発生します。存続期間は創作時から著作者の死後70年です。

著作権の支分権として、複製権、上演権、演奏権、上映権、公衆送信権、口述権、展示権、頒布権、譲渡権、貸与権、翻訳権、翻案権があります。

企業として注意すべきことは、著作権は売買できるので、真の所有者を確認して業務を行うということです。

（6）著作隣接権

著作隣接権は著作権とは別に、実演家やレコード製作者などに与えられる権利で、複製や再放送の権利を守るためのものです。以下の4つの権利があります。

- **実演**：著作物を演じる実演家の権利
- **レコード**；物に音を固定したもの(レコード)の製作者の権利
- **放送**：無線通信の放送事業者の権利
- **有線放送**：有線放送事業者の権利

（7）その他の権利

①回路配置利用権

半導体回路配置保護法に基づき、半導体回路配置を保護するものです。

②育成者権

種苗法により、種苗の品種を保護するものです。権利の存続期間は登録から25年（樹木30年）です。日本の米・菊等の農作物栽培業者では、非常に重要な権利になります。

③国際条約や日本以外の各国法令で定められる広義の知的財産

原産地表示（不正競争防止法第2条1項14号）、インターネット上のドメイン名（不正競争防止法第2条1項13号）、商号権＝商人が名称

を商号として利用する表示（商法第 14 条）、営業秘密＝秘密として管理されている有用な技術・営業上の情報（不正競争防止法第 2 条 1 項 4 号〜 9 号）などがあります。

6-11-3　知的財産権取得の注意点

ここまであげてきた知的財産は、法律により権利が認められているものです。したがって知的財産としてその権利を主張するには、法律の手続きが必要です。有益な発明発見であっても、特許権を取得せずに公知となった場合は知的財産権が与えられません。例えば、特許取得前に、ホームページで公開されてしまったものに対しては知的財産権が与えられません。

その他、知的財産権にならない知的財産には以下のものがあります。

- 公知となり、または存続期間が終了し知的財産権が終了した知的財産
- 不正競争防止法の適用による不正表示・誤認表示による侵害が認められるもの
- ノウハウ・ライセンス等または意図的に特許等に出願していない営業秘密

第 7 章
現代企業の構造

7-1 企業の組織形態

企業の組織形態は、規模や業種によって大きく異なりますが、一般的に中小企業は**ライン組織**、中堅以上の規模の企業は**ライン＆スタッフ組織**が中心になります。ここでは代表的な組織形態を取り上げて、各組織それぞれの特徴と、経営者の意思がどのような仕組みで組織に伝わっていくのか見ていきましょう。

7-1-1 ライン組織とスタッフ組織

（1）ライン組織

ライン組織とは、企業で直接利益を生み出す組織形態の機能や部門（プロフィット部門）のことで、営業、生産、販売、物流などが該当します。ライン組織では、ラインの最上位層（社長）から最下位層（平社員）まで指示命令系統が1つのラインで結ばれています。命令系統はシンプルで、組織メンバーは直属の上司に命令されます。1人の上司と複数の部下という構成です。中小企業では、ラインもスタッフも横並びで、それぞれの機能別組織の中に包括されてしまう場合が多くなります。

ライン組織の長所は以下のとおりです。

- 職務の範囲、内容が明確になっている
- 指示命令系統が明確になっている
- 各職位の責任・権限が明確化する
- 組織間の秩序を維持しやすい

一方、ライン組織の短所としては以下の3点があげられます。

- 部門や機能が異なる部署同士の横のつながりが少なくなる
- 上位層の負担が過剰になる傾向がある
- 専門家の知識を活用しにくい

（2）スタッフ組織

　スタッフ組織とは、直接利益に結び付かない間接部門（ノンプロフィット部門）のことで、総務、人事、経理、内部監査、経営企画などを指します。中小企業ではライン組織の中に含まれ、兼務されて独立した部門としていないことが多いですが、中堅企業以上の規模になると独立した組織になります。

7-1-2　ライン＆スタッフ組織

　中小企業から中堅企業へと規模が拡大すると、組織が分化していきます。経営者（社長）は、事業が小規模である機能別組織においては、生産・販売、経理、総務、人事のすべてを1人で行います。通常、物販の単純組織では、売上高が10億円以下の場合には機能が分離していませんし、分離する必要もありません。

　しかし、事業とともに機能が成長してくると、生産・販売（ライン組織）と管理（スタッフ組織）を分離しないと機能しづらくなります。そこで、社長の管轄であるライン組織をスタッフが管理し、支援していく組織の形態になります。そして、物販で売上高が30億円を超えると、スタッフ組織の重要性が増し、支援のみの機能から、チェック機能や全社的な企画を担う組織に発展していきます。

　スタッフ組織が、社長直属の経営企画部、事業開発部、戦略事業部、監査部などとなってくると、二重構造の組織体になります。ただし、構造は二重化しますが、スタッフ組織がライン組織の上位に位置するわけではありません。対等な地位で、相互に依存しながら機能します。

　大企業になると、部門ごとにライン組織とスタッフ組織を設けている場合があり、その場合には141頁で解説する事業部制が導入されます。ただし、組織の陳腐化を避けるために、大企業では一定期間ごとに大規模な組織改革を行うことが多いようです。

図表 11　ライン＆スタッフ組織

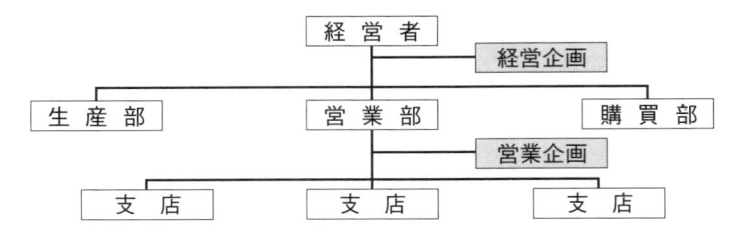

```
                    経 営 者
                       ├──── 経営企画
        ┌──────────────┼──────────────┐
      生 産 部        営 業 部        購 買 部
                       ├──── 営業企画
              ┌────────┼────────┐
            支 店    支 店    支 店
```

7-1-3 ファンクショナル組織（職能別組織）

ライン組織を応用したものとして、**ファンクショナル組織（職能別組織）**があります。この組織の特徴は、営業、製造、人事、財務などの機能別に分化していることと、1人の作業者の生産性を向上させるために、多数の専門家がそれぞれの専門的立場から助言や指示命令をする形態です。

　ファンクショナル組織の長所は以下のとおりです。
- 上位者の専門能力を活用できる
- 上位者の負担が軽減される
- 専門家集団なので分業により生産性が上がる
- 専門家を育成しやすい

ファンクショナル組織には以下の短所が見られます。
- 複数の上位者命令により混乱が発生する
- 下位者の仕事の掌握が難しい
- 責任があいまいになる
- 業務プロセスが細分化し、その間の調整が困難になる
- プロセス間を超えての生産性が低下することがある（全体を見ることができずに、個別最適化に陥りやすい）

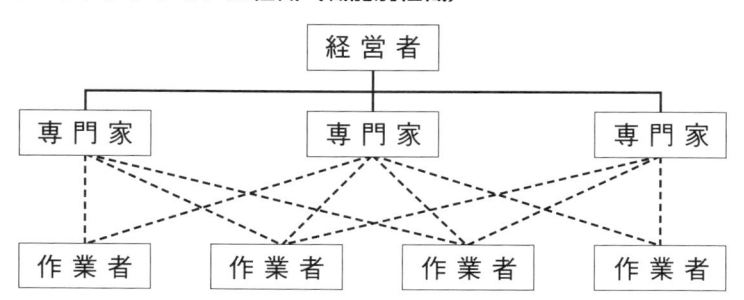

図表 12　ファンクショナル組織（職能別組織）

```
                    経 営 者
        ┌──────────┼──────────┐
     専門家       専門家       専門家
      ╱│╲         ╱│╲         ╱│╲
   （破線で各作業者に接続）
   作業者    作業者    作業者    作業者
```

7-1-4　事業部制組織

　企業の規模が大きくなり、取扱製品の種類や関与する事業が多くなると、経営者は従来の組織形態では全体を統括できなくなります。そこで、製品別、地域別、顧客層別などに部門を統廃合または再編・分離して、それぞれの部門に独立採算性を導入する事業部制が生まれます。つまり、**事業部制組織**とは、取り扱う製品や商品群ごとに会社組織を分化させ、事業部ごとに一部または全部の間接部門を有した組織のことです。間接部門をほぼ部門別に揃えていたり、社内的に資金調達を行う仕組みが確立したりしていると、特に「カンパニー制組織」と呼ばれることがあります（次項で解説します）。

　事業部制組織は、複数の事業を営んで事業ごとに独立採算を目指す企業にとって、管理運用が容易というメリットがあります。一方、間接部門が事業部間で重複するデメリットがあります。間接部門が事業部ごとに重複すると間接コストが上がり、命令系統も複雑になり、機動性が失われてしまいます。

　事業部長は、社長から事業部の全責任と執行権限を委譲され、生産から販売までのすべてのプロセスを管理し、利益を上げなければなりません。独立したプロフィットセンターとなるからです。スタッフ組織を内在する事業部もありますが、通常、スタッフ組織はトップマネジメントに残され、全体を統括します。

事業部制組織の長所は以下のとおりです。
- 環境の変化に、迅速に対応できる
- 独立採算制で、自立意識と経営感覚が身に付く
- 本社の経営トップは、全社的な本社での経営マネジメントや事業計画に専念できる
- 各事業部間での競争が起き、相互がよい意味でのライバルとなる
- 本社のスタッフ部門は専門分野に専念し、高度化が期待できる
- 多角化戦略にマッチした組織形態である

一方、事業部制組織には以下の短所があります。
- 各事業部が、自分の事業部のみを考え、全社的な利益を考えなくなり、会社全体の相乗効果が失われる
- 各事業部に権限移譲されるので、経営者の意向伝達が遅れることがある

図表13　事業部制組織

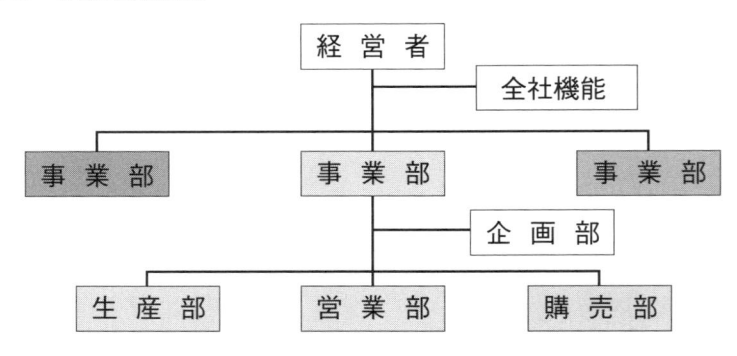

```
                    経 営 者
                       │──────全社機能
        ┌──────────────┼──────────────┐
      事 業 部        事 業 部        事 業 部
                       │──────企画部
              ┌────────┼────────┐
            生 産 部   営 業 部   購 売 部
```

7-1-5 カンパニー制組織

事業部制を一歩進めて、カンパニー制をとる会社も増加しています。カンパニー制組織は同一企業内の内部組織であるにもかかわらず、あたかも独立した会社のように、自律的な経営がなされることを狙った疑似分社型組織のことです。

カンパニー制組織は、法制度上で規定された概念ではなく、運用実態は会社によって様々です。中には、従来からの事業部制組織を単にカンパニー制組織と呼び換えただけという会社も見られます。

　カンパニー制の導入にあたっては、まず、開発、製造、販売といったバリューチェーン機能の大部分をカンパニー内に取り込むことで、事業部制よりも組織としての自己完結性を高める必要があります。また、カンパニー制組織のトップに、今まで以上の決裁権限を付与することも必要です。

　事業部制を進めて、カンパニーごとに資産負債を配分して貸借対照表を作成し、損益だけではなく資産効率についても管理責任を持たせるようにして、組織の自律性・独立性を高めているのが一般的です。カンパニー制度に正解はありません。カンパニー制を推進すると、本来は全社的に共有したほうが望ましい経営資源が分散してしまうことが多くなります。そこで、近年では、日本電気（NEC）、富士ゼロックスのように、カンパニー制組織を廃止する企業も相次いでいます。2005年10月には、カンパニー制組織の先駆者であるソニーまでもがカンパニー制を廃止し、事業部制に改組しました。

　しかし、組織は時代とともに変化します。2021年4月に、ソニーはまたもや組織改革に取り組みました。ハードとソフトを両輪とする戦略は新たな時代に移ります。ソニーは社名変更を伴う組織改革を実施。まず、商号を「ソニーグループ」に変更します。創業当時の「東京通信工業」からソニーへ変えたのが1958年。それから実に63年ぶりに大きな改革に乗り出したのです。名称だけでなく、テレビなどのエレキ事業を分社化して通信部門などと統合させ、ソニーという名を継承させます。一方、金融事業を手掛けるソニーフィナンシャルホールディングスを完全子会社化しました。これでグループの主力6事業、「ゲーム」「音楽」「映画」「エレキ」「半導体」「金融」が完全並列化されました。これで各事業の連携体制が整ったとしています。つまり、再びカンパニー制に戻したのです。

　以上見てきたように、企業の組織には様々な種類があり、それぞれに長

所と短所があります。しかし、いずれの組織も時間の経過とともに例外なく陳腐化し、派閥ができたり、利権争いが起きたりします。こうした弊害を防ぐためには、定期的に大きな組織変更が必要になります。

7-1-6 プロジェクトチーム

プロジェクトチームとは、特別な課題や目的のために、一定期間、組織横断的に編成される組織のことです。言い換えると、1つのラインでは解決できない課題を、組織を超えて、必要によっては社外からも各分野の専門家や経験者を集めてつくる特別編成チームです。

例えば、新経営計画の策定、新人事制度の策定、従来にない商品開発、工場や店舗の新設、企業提携・合併計画、従来の組織廃止と新組織新設の策定、リストラ策の策定、経営改善改革の策定など、プロジェクトチームはいろいろな場面で使われます。そして必ず期限が切られ、目的の課題解決に取り組みます。目的達成後は解散し、メンバーは元の組織（職場）に戻るのが基本です。選抜メンバーは、選ばれたという使命感と自分の持つ特別な能力に優越感を感じることができます。

プロジェクトチームを指揮する責任者には、各事業部門の部門長以上の自由裁量権が与えられます。責任者は、単純に複数のスタッフに仕事を配分するのではなく、個々のスタッフの専門的な能力や個性、仕事のやり方に対応しながら、各パートに分かれた複数の締め切りに同時に対処しなければなりません。高度な組織化と対人能力の両方が求められる仕事なのです。

7-1-7 プロダクト・マネジャー制

プロダクト・マネジャー制とは、1つの事業部が特定の商品（既存商品・新商品の区別はしません）に関するすべてのマーケティング（製造から販売まで）の損益責任を担う制度です。事業部制で、事業部長の下で生産・

販売・研究開発を管理するという点では先述の事業部制組織と同様の形態ですが、特定の商品についてのみ事業部内の職能間の調整を担当する点が大きく異なります。つまり、特定商品に対してすべての権限を与えられており、開発・生産・販売などの異なる職能別組織から独立した存在となります。既存の各部門組織の協力を組織横断的に得て、または新たにコーディネートして、経営者が指示した目標を達成するのです。これは多様な消費者ニーズに機敏に対応するために、特に商品ラインが多様化している企業に見られる組織形態です。

プロダクト・マネジャー制は、事業部内に属するものです。プロダクト・マネジャーに権限が与えられないと職能間の調整ができません。そこで計画どおりに機能させるためには、プロダクト・マネジャーの責任と権限の範囲をあらかじめ明確にし、プロダクト・マネジャー制を組織的に位置付け、周囲の理解を得ることが重要になります。

7-1-8 その他のフレキシブルな組織

（1）マトリクス組織

マトリクス組織とは、機能別、事業別、エリア別など、異なる組織形態の利点を掛け合わせ、同時に達成しようとする組織形態のことであり、組織形態に縦と横の関係を持ち込んだものです。

グローバル企業のエリア別のマトリクス組織のケースで考えてみましょう。

エリアにはエリアの特性を理解し、地理的要件を踏まえたマネジメントが必要です。そこで、エリア別の現地法人や支店という形態でマネジメント単位を設定します。製品・サービス事業責任者をエリア横断で設置するので、取り扱い、展開する製品やサービスに関しては、エリア横断で同一製品・サービスに関する管理を横串で行えるメリットがあります。各エリア製品・サービス事業部門は、エリア別の支店長（支社長）と製品・サービス事業責任者の2人の管理職が管理します。

マトリクス組織では、縦横の利害調整が課題になります。通常よりも高度な管理システムが必要で、担当する管理職にも一定レベル以上の能力が要求されます。

　例えば予算編成時には、エリア別の予算と支店・支社ごとの製品・サービス提供自体の予算があり、どちらかが達成できない場合の調整をどうするのかという問題が起きます。命令系統が複雑になるなど、多くの時間と労力がかかるのですが、組織としては複眼的な牽制機能が働きます。必然的に、緻密な経営管理になります。

　マトリクス組織を採用する企業では予算編成や人事権などの調整項目を最適化する必要があるので、予算編成の会議体制やマトリクス経営管理システムなど、必要な仕組みを整備しなければなりません。経済の変化が激しい環境下では、組織編成も柔軟に行わないと時代に取り残されます。柔軟な組織編成を可能にするために、マトリクスの管理単位を小さくしたり、組み合わせや改廃が柔軟にできる体制にしたりすることが重要です。

図表14　マトリクス組織

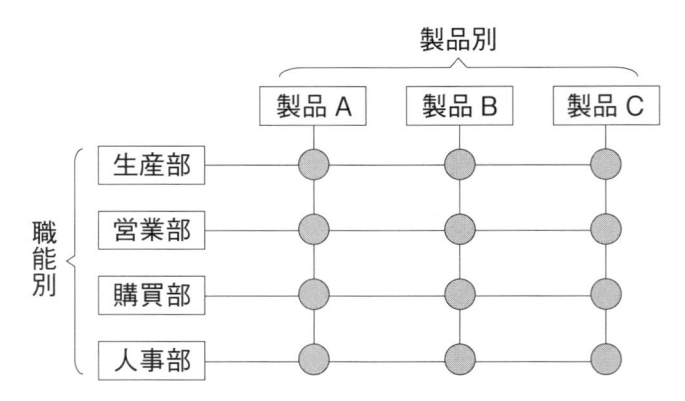

(2) SBU

　SBU（Strategic Business Unit：戦略的事業単位）とは、複数の事業部を戦略策定および実行上の観点から束ねた組織単位のことです。事業部制を進めてSBUをさらに発展させた組織形態として、先述したカンパ

第7章　現代企業の構造

ニー制があります。

　事業部制組織は、マネジメントの観点から業務を効率的に運営できる管理単位としての組織ですが、業務管理に適した事業部が戦略策定の単位として、常にその事業環境にマッチしているとは限りません。業務管理上の単位には最適なサイズがあります。小さすぎても大きすぎても効率化の障害となるのです。

　一方、事業戦略を事業ごとに策定するやり方も、効率的とは限りません。複数の事業部門を戦略的観点から束ね、1つの戦略的事業単位（SBU）とするほうが効率的である場合が多いのです。しかし、既に活動している事業単位部門を解体し、SBUに組み直すことは非効率なため、両方の強みを生かす方法がとられます。

　通常の管理組織がマネジメント機能の確立を目的としているのに対し、SBUは組織のリーダーシップ機能の発揮を目的としています。具体的には次の事例があげられます。

　家電メーカーA社は、冷蔵庫、電子レンジ、テレビの各事業部を持っています。その中のテレビ事業部が、ターゲットを20代女性に絞った新型テレビを開発し発売したところ、ヒット商品となりました。そのヒット要因を分析した結果、20代女性は新製品に敏感に反応し、購入意欲が強いことが判明しました。そこで、この商品開発方針を他の事業部に拡大するために家電SBUを立ち上げ、効率的な命令系統を構築したのです。

　また、SBUが事業戦略の目的達成を目的とすると、SBU独自の開発部門、製造部門、販売部門、企画部門を持つことが考えられます。しかし現実的には、効率面から実現は難しい場合が多いようです。

（3）ネットワーク組織

　官僚制組織が批判を受ける中、これからの組織のあり方としてネットワーク組織が脚光を浴びています。ネットワーク組織とは、上下関係の希薄なフラット化したマネジメントともいわれ、ピラミッド型の官僚制組織とは反対の組織体制です。インターネットを利用したバーチャル組織ととも

に、今後の可能性が期待されている組織です。

①ネットワーク組織の長所と短所

　ネットワーク組織の特徴を、官僚制組織との比較から明らかにしてみましょう。

　官僚制組織では明確な組織構造が存在し、責任の所在と権限も明確です。したがって、上位からの指揮・命令により、トップの考えを隅々まで行き渡らせることができるという長所があります。

　一方、ネットワーク組織の長所は、状況に応じた柔軟な対応ができることです。また、官僚制組織と比べて情報量が圧倒的に多くなり、縦横無尽なコミュニケーションが可能となります。

　しかしネットワーク組織では、リーダーの役割は分散するだけでなく、リーダーが決まっていない場合すらあり、責任の所在や権限が不明確になりやすいという側面もあります。組織をまとめるための統制は価値観による統制に頼ることになるため、個々人の判断による自律的な行動が必要になります。そこで、最低限のガイドラインなどが設けられ、自律的に組織が動く仕組みが必要になるのです。ネットワーク組織にはよい部分もありますが、それ以上に統制が難しい困難な組織ともいえるのです。

②ネットワーク組織の課題と今後の展望

　こうしたネットワーク組織の特徴を考慮すると、簡単に官僚制組織からネットワーク組織に移行することが有効とは限らないのです。組織を抜本的に変えるといっても、完全にネットワーク組織に変えることは困難で、望ましくありません。既存の組織の秩序を維持しながら、長所を生かせる新しい仕組みを構築する必要があります。

　つまり、官僚制組織対ネットワーク組織ではなく、官僚制組織の要素とネットワーク組織の要素をうまく融合することが必要になります。両者の長所をいかに組織に取り込み、組織としての秩序を保つことができるかがカギになります。

　以下に、ネットワーク組織の事例を紹介します。

　ウェザーニューズ社は気象情報を提供する会社ですが、気象情報を提供

してくれる約5万人の会員（会費を少額ながら支払っています）からの情報をもとに天気情報を提供しています。また、会社間での事例では、価格.comがあります。会員の企業から寄せられる情報をもとに価格比較サイトを構築し、そのサイトから会員企業へのクリック数や、その顧客への販売額の一定比率の手数料で商売をしています。どちらも正確な情報が持ち込まれる仕組みが重要になります。

その他にも、ネットワーク組織にはいろいろな応用パターンが存在します。

図表15　ネットワーク組織

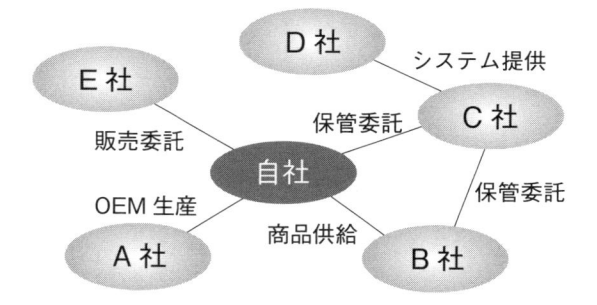

図表16　組織の時代変化

	1800年	1850年	1900年	1950年	2000年
・生産 ・市場戦略	・単一生産 ・地域市場	・生産工程標準化（一部） ・国内市場	・生産工程多様化 ・国際市場	・標準化と革新的生産工程 ・安定と変化の市場	・高度複合市場サービス ・グローバル市場
組織構造	代理店	職能・機能別組織	事業部制	マトリクス組織	ネットワーク組織
コントロール	オーナー型経営	・本社による予算と計画 ・垂直統合	利益管理	・随時編成チーム ・プランニングシステム	・生産、流通、デザイン供給などをブローカーがソフトに統合

　2019年12月初旬に1例目が報告された新型コロナウイルス感染症は、その後全世界に広がり、日本でも企業社会・経済に大打撃をもたらし、企業組織のあり方を大きく変えました。パンデミックが起きても事業を継続できる回復可能な会社組織づくりが求められるようになったのです。

　オフィスワークでなくても、在宅勤務やオンライン業務のようなリモートワークで仕事が可能なことが証明されましたが、管理職の一部には、部下の実際の働きぶりを把握できない不安が残ります。新型コロナ後の組織には、リモートワークは有効かつ必要ですが、ITツールを完備してオンライン化を徹底しても、マネジメント手法や権限の付与・分散をめぐって組織改革が行われない限り、リモートワークが十分に機能しないのです。社員の自発性と主体性が尊重され、管理されなくても社員が自己成長と組織貢献を実現する「自律分散協調型」の組織が不可欠といえます。そのためにはまず、管理職が従来型の価値観を払しょくし、従業員の自主性を尊重する組織作りが大切です。組織改革を成功させるには会社のあり方を根本から変える必要があります。

　NTTグループは2021年9月（2022年7月実施）に、分散型ネットワーク社会に対応した「新たな経営スタイル」を発表しました。内容は

以下のとおりです
　①勤務場所は原則「社員の自宅」：会社への通勤圏に居住する必要はない
　②リモートワークと出社のハイブリッドワークを前提：出社時の交通費は支給
　③従業員本人の希望や業務内容に応じ、個人単位での適用や適用除外も可能

　ＮＴＴグループはこうした取り組みにより、転勤や単身赴任を伴わない働き方を拡大していくようです。大胆な組織改革の実施です。「自律分散協調型組織」への転換は、上層部の持つ権限の一部放棄を意味します。改革は強い痛みを伴います。時代変化を認識しての意識が上層部に必要になります。

7-2 グループ・マネジメント

　企業の組織の１つに中間組織があります。系列、企業集団、企業グループといわれるものがその代表です。中間組織の基本は、取引コストを低下させるためにグループを形成するというもので、経済合理性があると信じられてきました。しかし、最近の製造業での組織改革は、垂直統合型から水平統合型へ組織を組み替える動きを見せています。IT化による情報伝達コストの低下やグローバル・マーケティングにより、グループを超えた企業と契約して一時的に結び付くことによって、効率的な組織が構築できるようになってきたのです。部品のモジュール化や共通化が世界レベルで進んでいることも、その要因の１つです。

7-2-1 垂直構造のグループ形成

　取引コスト理論からすると、市場の失敗で取引コストが高くなると、経営者はなるべくコストを下げるために組織を統合することを模索します。企業間取引における生産→流通→販売（川上から川下）の間でのグループ形成を**垂直統合**といいます。反対に、組織の失敗が発生すると再び市場化に向かいます。日本では、垂直関係にある企業同士で中間組織を形成しているケースが多く、これを系列と呼びます。

　2012年3月の決算で、日本の電子産業（パナソニック、ソニー、NECなどの大企業）は巨額の赤字を出しました。その要因の1つが垂直統合モデルの敗北です。日本の電子産業は垂直統合型で、すべての製造工程を一企業内で一貫生産する方式をとっていました。

　これに対して、現在では部品の**モジュール化**が進み、**水平分業型**の生産方法の優位性が明確になってきたのです。将来的には、市場の失敗と組織の失敗が交互に起きる可能性があり、どちらが優位になるかについては、その取扱商品の技術水準やマーケティング手法によって異なるため、一概にはいえません。それは、2007年ごろまでは垂直統合が強いと考えられていた事実からもわかります。当時は技術力が必要で、複雑な仕組みを持つ製品は水平分業型の生産方法に向かないと考えられていたからです。

　しかし、現在では1つひとつの部品が規格化され、複数の企業での生産が可能な部品のモジュール化が進展し、製造コストの安い新興国にも製造できる環境が整っています。特に電子部品ではこのモジュール化が顕著に進み、パソコンの製造工場はほとんどの先進国から消えました。近年は、GAFAMと呼ばれる企業群が、ネット上で活動の中心となる「プラットフォーム」を構築し大きな利益を上げています。日本企業も、この組織改革を見習い、参考にする必要があるでしょう。

7-2-2 水平分業型製造

　水平分業型製造とは、主に製造業界で使われている言葉で、垂直統合型製造に対峙するものです。例えばテレビの製造でいえば、垂直統合型製造は、液晶パネル、チューナー、オーディオなどを同一企業内で一貫して生産しているということになります。逆に水平分業型製造では、それぞれを製造する工場を持たず、液晶パネルの専門メーカー、半導体メーカー、テレビの組み立て工場に、それぞれの部品製造や組み立て工程を委託します。そして企業は、研究開発、市場調査に注力し、その時流に合った製品の仕様・デザインなどを考え、それぞれを組み合わせて安い価格の液晶テレビなどをつくっています。

　米国市場では、この水平分業型製造の経営手法をとる新興テレビメーカーのVIZIO（ビジオ：2002年設立）が猛烈な勢いで売上を伸ばしました。VIZIOの場合は、実際の製造は台湾の瑞軒科技（アムトラン・テクノロジー）が受け持ち、台湾、韓国から部品を調達し、中国の工場で組み立てています。台湾には組み立て企業だけでなく、液晶パネル専門メーカー、画像処理用の半導体設計メーカーや受託生産メーカーも揃っています。こうしたいくつもの専業メーカーが手を組み、それぞれの強い部分を組み合わせることで低価格商品をすぐにつくることができるのです。しかし、その後特許侵害で争い、かつての勢いはありません。

　Appleも、これまでは垂直統合でパソコンを製造していましたが、iPad（アイパッド）の製造から、製造工場は持たない（ファブレス経営）水平分業に移行しました。現在では、日本、台湾、中国に部品を発注し、中国で組み立てています。

　水平分業型では、各部品は最終製品をつくらないEMS（Electronics Manufacturing Service：得意分野に集中した電子機器の受注生産）に委託し、販売も別会社に委託する場合が多いようです。

7-2-3 モジュール化

（1）モジュール化の意義

　モジュール化とは、複雑で巨大なシステムやプロセスを設計・構成・管理するときに、全体を機能的なまとまりのある「モジュール」に要素分割して、構成要素（部品）の規格化・標準化を進め、その相互依存性を小さくすることをいいます。モジュール化により、企業は水平分業型組織の導入が容易になります。

　一般に、ほとんどのシステム（製品）は複数の構成要素（部品）からなり、それらが機能や役割を分担して相互に協調・連動することで全体として動作します。例えば、パソコンを考えると、マザーボード、CPU、グラフィックボード、サウンドボード、ハードディスク、メモリ、DVDドライブなどにモジュール化された部品を組み立てることで、簡単につくることができます。なぜなら、はじめからそれぞれの仕様が標準化・規格化しているからです。

　通常、システム全体の効率性や性能を高めるためには、その構成要素同士の連携性を密接にする方法が考えられます。しかし、この方法では、一部のシステム変更でも、その影響が全体へと波及してしまいます。特に、人工システムなどの場合、構成要素の数があまりに多くなると、その相互依存関係を管理することが困難になり、ごく一部の変更が全体設計の見直しや要素間の調整作業を発生させることになってしまうのです。

　こうした事態を回避するには、システムの全体設計（要素分割）を行うにあたって、機能ごとにまとまりのある形に整理し、構成要素間の関係性をできる限り少なくする方法が適切となります。これがモジュール化です。モジュールとは、何らかの規格や標準に沿ってつくられた部品やサブシステムであり、組み合わせや交換の自由度が高いのです。

（2）モジュール化の進展

　部品のモジュール化は、建築、工業製品、ソフトウェアの世界では、ず

いぶん前から行われていましたが、それが他の分野に拡大していったのです。そして製品のモジュール化は、企業のイノベーションや企業の競争力に大きな影響を与えます。モジュール化の進展は、企業組織、業務プロセス、産業構造のモジュール化をも誘発しているからです。既に、パソコン、家電で、その製造企業の産業構造に大きな影響を与えています。

　モジュール化のはじめは、製品開発メーカーの純正の装置を、互換機メーカーの装置に交換できるようにすることが目的でした。次に、装置ユニットの入れ替えが容易なことに気がつくと、企業は安価な調達先を探します。そして、部品調達先の入れ替えや製造委託が始まります。これが業界構造と市場の変化を引き起こすことになるのです。

（3）モジュール化で過熱する技術競争

　調達先のモジュール化は、製品メーカーを含めて市場に参加する企業に競争とイノベーションを促進します。製品がモジュール化されていない場合、製品全体の内部構造を知らなければ部品をつくることができませんが、モジュール化されている場合には、その部品が関係するインターフェイスさえわかればモジュールをつくることができます。これは市場への参入障壁を低くするばかりか、そのモジュールだけで機能や性能を高めることができるため、技術的な競争が過熱しやすいのです。

　モジュール化によって市場の急拡大と激しい競争が起こった代表事例がパソコン市場です。1982年に登場したAppleのMacintoshをはじめ、初期のパソコンは内部のアーキテクチャ（基本設計）を公開していなかったのですが、1984年に発売されたIBMのパソコンはアーキテクチャが公開されました。すると部品・完成品ともに多数の互換機メーカーが市場に参入し、他のアーキテクチャのマシンを凌駕したのです。IBMさえも市場支配力、技術統制力を失い、パソコン市場は長くOS（オペレーション・ソフト）メーカーのマイクロソフトとCPUメーカーのインテルにコントロールされることになり、現在に至っています。

　日本の製造業を支える自動車に目を向けてみましょう。複雑なメカニズ

ムで、部品点数も多く、各メーカーごとの部品の互換性はありません。その互換性がないことでモジュール化が進まないのです。その結果として、垂直統合型の系列というグループが形成されています。しかし、近い将来、電気自動車が主役となる時代がくるとどうなるでしょう。電気自動車は、個々の部品の技術的な水準は高いかもしれませんが、パソコンと同様、電子部品は規格化・標準化が比較的容易です。エンジンの出力を制御する機械的で複雑なメカニズムが、制御の容易な電子的メカニズムに代わった段階で、一気にモジュール化が進展することが予想されます。そうすると水平分業型の産業に変革し、その製造の中心が新興国に移転する可能性が非常に高いのです。

（4）中国におけるモジュール化のケース

こうしたモジュール化でも、中国などでは通常の場合と異なるケースが見られます。コピー商品などで頻繁に見受けられる、モジュール化として「部品のコピーと改造を通じて、製品のアーキテクチャを換骨奪胎（かんこつだったい）してしまう」というケースがあります。これは知的財産権を無視した行為といえますが、当然のように行われているのが現状です。テレビ、白物家電（エアコン、冷蔵庫）、オートバイ、トラクター、小型トラックなどで、このパターンが繰り返されています。

以下に、現在では世界最大の生産国となった中国のオートバイ産業を取り上げて、そのプロセスを紹介します。

①外国製品を分解してそのコピーをつくる
②安価に大量生産するために、コピー部品の汎用（はんよう）部品化が起こる
③汎用部品を使った組み立てや改造を行う多数の中国企業が発生する
④モジュールを組み立てるだけなので簡単に参入でき、過当競争による供給過剰と収益性の悪化が起こる
⑤当初の莫大（ばくだい）な研究開発費を負担している企業は収益悪化が起こる
⑥そうした競争に勝ち残った強い中国企業が出現する

このようなプロセスで製品のアーキテクチャの換骨奪胎がなされてお

り、日本企業は、こうした状況の中で劣勢に回っているのが現状です。

コピーから生まれ公開されたアーキテクチャは、計画されたルール化ではないため高度な商品はできませんが、品質に対するニーズが低い開発途上国では十分な性能を持っています。

7-3 現代企業の姿

7-3-1 持株会社

グループ企業は、カンパニー制の子会社を改組し、グループとしての総合力を発揮することを目的とした組織です。主にグループ会社といわれているのは持株会社です。連結決算で持株会社が株式上場していると、企業グループ全体の財務状態が開示され、「××ホールディングス」「○○グループ本社」というような呼称が付いています。

1997年12月に独占禁止法が改正され、持株会社の設立が認められました。戦前までは、持株会社制度をとっていた旧財閥が日本経済を支配していましたが、その財閥の存在が自由競争を阻害する恐れがあるとして戦後に禁止されました。しかし、現在では、国際化進展の中でのグローバル戦略上、持株会社という仕組みの活用が必要になってきました。世界の有力企業が、後述する純粋持株会社制度を活用して事業の整理・統合や吸収・合併などを効率的に進めていくのに対して、日本も効率的な企業経営をしないと国際競争に立ち遅れてしまうからです。

この持株会社には、**事業持株会社**と**純粋持株会社**の２種類があります。

（1）事業持株会社

事業持株会社とは、自ら事業も行いつつグループ企業の株式を持つ形態で、通常の事業と企業の支配を兼業しています。従来から行われていた**株式の持ち合い**のことです。具体的には、メインバンクが親密先企業（例え

ば自動車会社）の株式を持つ一方で、その企業（自動車会社）も銀行の株式を持っている状態などです。銀行は金融業という銀行の業務を行っていますし、自動車会社は自動車を生産するという業務を行っています。相互に異なる分野の業種なので、相互依存関係は薄いのです。

　このような形態の株式の持ち合いは、1997年の独占禁止法改正以前からもずっと認められ、1990年代前半（バブル経済崩壊前）までの日本経済における通常の株式の保有状態といえました。バブル経済崩壊後、株式の持ち合いは減少しましたが、近年、買収防衛の意味から有効であるという点で、ある程度復活してきています。なぜなら、株式を持ち合うことで相互に安定株主となるからです。

（2）純粋持株会社

　純粋持株会社とは、企業グループ内の株式を所有してグループ全体の中核となっている会社形態のことです。他の企業を支配することを主業務としています。つまり、自ら製造、営業、販売などの事業は行わず、企業グループ全体の経営戦略を練り、グループ全体の利益のために行動する頭脳部分ということになります。純粋持株会社の収入は、所有するグループ企業の株式からの配当収入です。

　純粋持株会社制度はグループ全体の戦略を立てやすく、重複する投資を避けることができ、また支配下企業に対するリストラがしやすくなるという利点があります。経済情勢や産業構造の変化に柔軟に対応し、円滑に企業再編を行うことが可能になるのです。純粋持株会社は、グループ傘下に、それぞれの事業に特化した企業（例：自動車、電機、繊維、IT、流通、商社、保険、銀行など）を持つことになります。

　グループ全体の戦略として、事業部門を切り離す、似たような事業の子会社同士を統合する、新規事業に参入する、といった意思決定が迅速に行われ、それぞれの投資が重複することなく効率的に実施されます。例えば、ある企業で戦略上再編が必要と決断したときは、大きな企業の一事業部門（例えば商社部門）を独立させ、持株会社の他の企業（総合商社）と合併

させるのです。

　持株会社のメリットは経営戦略と事業運営の機能を分離できることです。その結果、グループ企業間の事業再編が容易になり、子会社ごとの人事制度を構築することができます。つまり、子会社のみ、その業種の特性に合わせた賃金制度や職制がとれるということです。グループ企業全体の経営戦略と小回りの利く子会社独自の戦略の双方を同時に有効活用できる組織経営が可能ということになり、グループ企業の経営権が強化されます。

7-3-2　企業のM&A

　M&A（mergers and acquisitions）とは、企業の合併または買収のことです。企業が他の企業を取得するには、買収先企業の株式を買収して子会社にするか、吸収合併する手法がとられます。M&Aはこれらの行為の総称です。

（1）M&Aの目的
　M&Aの目的は、時間の短縮を大前提として、①新規事業への参入、②新市場への参入、③企業グループの再編、④事業の整理・統合、⑤経営不振企業の救済、などを行うことにあります。言い換えると、時間を買いながら、自社のビジネス運営と相乗効果を発揮できる企業を買収し、効率的な経営を早期に実現することです。独自に新しいビジネスをゼロからつくり上げるには、新しい分野のための人材の調達・育成が必要で、さらに利益が上がる一定以上の市場シェアを獲得するまでには時間がかかります。M&Aはその期間を短縮できるのです。近年、M&Aが増加傾向にありますが、それは国内の企業間競争だけではなく、諸外国との国際競争も激化しており、自社ですべてをつくり上げる時間の短縮が求められているからです。

（2）関連する法律の整備

　M&Aに関する法律の整備は1990年代後半に一気に進みました。国際競争の激化とともに企業活動に合わせるよう商法改正が行われ、合併や会社分割、株式交換、株式移転、株式公開買い付けなどを実施する法的制度が整備され、持株会社が認められました。2005年の会社法改正では、消滅会社の株主に対して、存続会社の株式ではなく、その親会社の株式を交付する三角合併が認められ、その自由度が増しています。包括的な業務提携やOEM供給提携などは、法的に企業が統合されていないので厳密にはM&Aとはいえませんが、対象企業をコントロールする意味で、これらを含めてM&Aと捉えることもあります。

（3）M&Aにおける失敗の要因

　M&Aは、異なる企業文化を統合させることになるので、買収先企業から反感を買い、計画どおりに事業の整理・統合が進まないことがあります。その失敗の代表的な要因について、M＆Aの流れに合わせて見ていきながら、代表的な対策を考えてみます。

① M&A前の失敗要因

　M&Aの対象企業を十分に調査できていないことが最大の失敗要因です。

　M&Aを成功させるには、入念な事前調査・準備（デューデリジェンス）が必要になります。具体的には、M&A後の構想を明確に示し、M&Aに関わる人々にM&Aの目的を理解してもらうことです。つまり、自社の経営戦略、将来展開のビジョンを示し、その中で買収企業が果たす役割を事業全体のポートフォリオの中で示します。M&A後の事業展開を明確にすることで、その相乗効果を示し、賛成派をつくるのです。

② M&A交渉中の失敗要因

　M&A先の選定から実行までの、それぞれの過程での管理不足があげられます。まず、M&A交渉の仲介役の選定が大切です。買収企業をよく理解している銀行のM&A部門や経験豊富なコンサルティング会社を通すこ

とが一般的で、事前調査から実際の交渉まで、公にすることなく進めてくれます。

M&Aの実行にあたっては、経営陣同士が相互の情報を交換し、相乗効果を見込めるかどうかを判定します。相互に誠実に交渉し、運営のあいまいさをなくすことが大切です。

③ M&A後の失敗要因

統合前の企業間では、文化の摩擦や仕事・稟議の進め方の不一致が見られます。M&Aで相乗効果を発揮させるためには、その溝を相互に埋める努力が必要になります。放置すると、いつまでも2つの文化が統合されずに展開されてしまいます。

7-3-3 買収防衛策

敵対的買収とは、友好的でないM&Aのことです。具体的には、買収企業の同意（取締役会決議）がとられていないケースなどです。

敵対的買収の目的としては、純粋に相互の企業の合併により相乗効果を狙うものもありますが、買収先企業の資産（不動産、知的財産権など）の売却を想定したものや、買収後の企業を分割し、短期間で買収資金の回収を狙うといった投資ファンドによるものも存在します。

このようなファンドによる敵対的買収の場合、従業員や取引先に大きな影響が出るため、企業にとってマイナスの部分が多くなります。しかし、旧態依然とした経営を繰り返し、企業内に成長の資源がありながらそれを有効に使うことができない経営陣などを敵対的買収で動かすことができるので、買収先企業の同意を得ないM&Aのすべてが悪いというわけではありません。

相手の同意を得ないM&Aの主な手法は、株式を買い占めることです。近年ではTOB（Take-Over Bid：株式公開買い付け）が買収に頻繁に使われます。TOBは、日本では主に自社株買いに使われていますが、M&Aの手段にもなるのです。

敵対的買収を阻止するための買収防衛策には、事前に用意する手法（図表17）と事後に使われる手法（図表18）があります。

図表17　買収防衛策（事前策）

買収防衛策	内容
ライツプラン （ポイズンピル：毒薬条項） （転換条件付新株予約権）	買収者が現れた場合（一定の決められた割合以上の議決権の取得が条件）に、既存株主が市場より安い価格で株式を取得できる権利（ライツ＝新株予約権）を事前に付与しておき、買収者の持株比率を薄める策
黄金株 （拒否権付新株予約権）	企業の合併、取締役選解任など重要議案に拒否権がある種類の株式（黄金株）を、一部の友好的な株主に付与する策
ゴールデン・パラシュート（役員） ティン・パラシュート（従業員）	買収後に役員（従業員）が解任された場合に、通常の退職時に比べ莫大な退職金を支払う契約をあらかじめ締結しておき、買収時の企業価値を下げる策
プット・オプション	銀行借り入れなどに際して「支配権が変わった場合、一括弁済を請求できる」といった条項を付して、買収時の財務状況悪化を狙う策
チェンジ・オブ・コントロール条項	重要な契約や重要な合併パートナーとの株主契約などにおいて「支配権が変わった場合、相手方が契約の破棄・見直し、合併会社の買い取りを行うことができる」といった条項を入れ、買収時の事業価値低下を狙う策
非公開化（上場廃止）	マネジメント・バイアウト（MBO）やレバレッジド・バイアウト（LBO）により非公開化（上場廃止）する策

図表18　買収防衛策（事後）

買収防衛策	内容
第三者割当増資	発行済株式総数増大により買収者の持株比率を薄めるとともに、安定株主比率を高める
新株予約権の発行	友好的な第三者に新株予約権を発行することで、最終的には第三者割当増資と同様の効果を期待する
ホワイトナイト	友好的な第三者に敵対的買収者よりも有利な条件（高い価格）で株式公開買い付け（TOB）をかけてもらい、買収者を退ける
第三者との株式交換・合併	友好的な他社との間で株式交換・合併を行う。ただし株主総会の特別決議が必要となる

買収防衛策	内容
焦土作戦(クラウンジュエル)	買収者が狙う重要な事業や資産（クラウンジュエル：王冠の宝石）の売却や多額の負債引き受けにより買収者のメリットを減じる
資産ロックアップ	重要な事業や資産を市場価格以下で、一定の場合に取得できる権利を友好的な第三者に付与する
増配	増配などにより株式の魅力を高め、株価引き上げにより買収コストを高める
パックマン・ディフェンス	買収者に対して逆に買収を仕掛け、会社法の規定で買収者側の議決権が消滅する25％以上の持ち合いを目指す

7-3-4 資本調達の法整備

　日本は資本主義国家ですが、欧米諸国と比較して、国民の財産運用では銀行や郵便局への貯蓄が多く、証券市場への投資が少ない傾向にあります。2003年の小泉政権時に「貯蓄から投資へ」のスローガンの下、証券税制の優遇措置（株式、株式投資信託の配当、キャピタル・ゲインなどの税率を20％から10％に引下げました）が、効果は一時的で、2013年末に結果を出せずに終わりました。

　日本では全世界的な制度を率先して発案し、法整備をして世界に発信することは少なく、ほとんど欧米主導で改正された法律を追う形で進めています。先行事例を確認してからの行動は悪いことばかりではないですが、ビジネスチャンスを逃す場合もあります。資金調達の制度については、この後見ていきます。大きく経済環境が変化する中、その対応に必要な資金を調達できる制度設計が必要です。

(1) ベンチャーファンド市場

　2001年に創設された市場です。未公開企業を中心とするベンチャー企業を主な投資対象とする、投資法人のための市場です。ベンチャーファンドは、ベンチャー企業への新たな資金供給スキームとして、投資法人（会

社型投資信託）制度を活用するもので、広く一般の投資家から資金を集め、未公開企業をはじめとするベンチャー企業に投資します。創設から20年以上が経過し一部の修正は行われていますが、ベンチャー企業の資金調達の手段としてはあまり浸透していません。スタートアップ支援の強化策を期待したいものです。

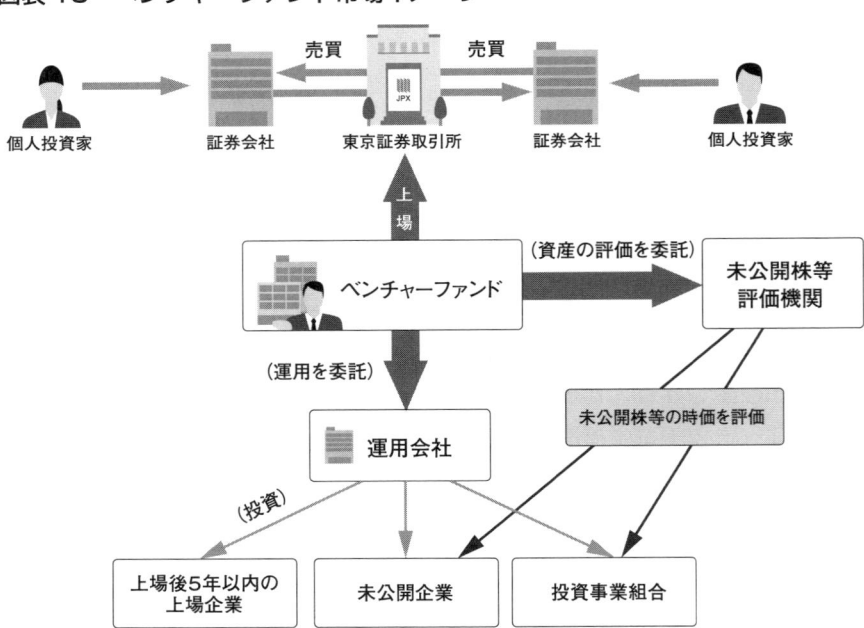

図表19　ベンチャーファンド市場イメージ

出典：日本取引所グループHPより

（2）東京プロマーケット市場

2009年6月に開設された市場です。当初は、「株式会社 TOKYO AIM 取引所」により運営されていました。この TOKYO AIM は、株式会社東京証券取引所グループとロンドン証券取引所の共同出資により創設されたもので、「TOKYO PRO Market」の母体となりました。制度の根拠法は、2008年の改正金融商品取引法により導入された「プロ向け市場制度」に基づくものです。2012年7月からは TOKYO PRO Market として、TOKYO AIM の市場コンセプトを継承し、東京証券取引所が市場運営を行っています。

このマーケットは、日本やアジアにおける成長力のある企業に新たな資金調達の場と他市場にはないメリットを提供すること、国内外のプロ投資家に新たな投資機会を提供すること、日本の金融市場の活性化ならびに国際化を図ることを目的としています。ロンドン証券取引所の運営するロンドン AIM における Nomad 制度を参考として「J-Adviser 制度」を採用するなど、機動性・柔軟性に富む市場運営の実現を目指しています。

しかし、東京プロマーケットは、2022年時点では流動性が低いことから、上場時の公募売出しを実施しても想定した資金を集めることが難しくなっています。資金調達事例は少なく、調達できても金額が小さくなっています。

（3）特別買収目的会社（SPAC）

SPAC（スパック）とは「Special Purpose Acquisition Company」の略称で、日本語では特別買収目的会社と訳されます。日本では、2022年時点では認可されていません。SPAC は、それ自体が特定の事業を持たず、主に未公開会社・事業を買収することのみを目的とした会社のことです。最初は現実の事業を持たず、先に SPAC が株式公開（IPO）し、資金調達を行います。その後、その資金を使って未公開会社・事業（企業の一部門）を買収する流れで、現実の事業を持つ会社になります。IPO 時点では、どの会社を買収するかは決まっていませんので「ブランク・チ

ェック・カンパニー」とも呼ばれています。

　SPACそのものは、1980年代から米国などでは認可されています。しかし、資金調達だけを行い、M&Aを行わない詐欺的行為などが問題となり、一時期規制が強化され利用されていませんでした。1990年後半以降、IPO市場が好況だったこともあり、図表20のとおり2016年までほとんど利用されていなかったのです。しかし、従来のIPOは、準備期間が長く、審査も厳格、コストもかかるというハードルの高いものでした。その点SPACは事業を持っていないので審査項目が少なく、IPOまでの時間やコストは大幅に削減できます。そのため、アメリカでのSPACの上場件数・調達額は、急増しています。SPAC増加の契機となった事例は、Grab（グラブ：シンガポール企業で東南アジア配車大手）がアメリカの投資会社アルティメーター・キャピタルのSPACと合併し、米ナスダック市場へ上場したことです。

**図表20　米国のSPACの上場件数・調達額（左図）と
　　　　　米国の通常のIPOの件数・調達額（右図）**

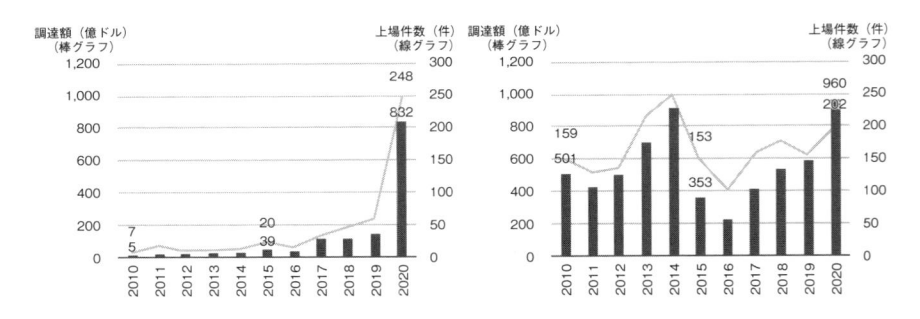

出典：内閣官房「成長戦略会議（第11回）配布資料」より

日本ではこのSPACの法整備が遅れています。SPACの手続きの流れと、その実情を見ていきましょう。

① SPACによる上場（IPO）から買収の流れ

　設立されたSPACは、当初事業を持っていません。SPACは設立後、自らが株式公開（IPO）することで資金調達を行います。SPACの場合、その後の買収が重要になります。買収先の候補を選定し、デューデリジェンス（事業の詳細調査）を経て、買収を行います。買収された会社は、通常の上場手続きを経ずに上場会社になることができます。

② 日本での規則

　日本でIPOを行うには、各市場の上場基準をクリアする必要があります。また、成長が期待できる事業を行い、たとえ小さな上場に成功したとしても、未公開企業のM&Aを行うと、東証などの市場では裏口公開と判断し、上場そのものが廃止されてしまいます。なお、上場基準は各国市場で異なり、①のSPACについての記述は、あくまで海外における流れとなります。日本ではSPAC制度はまだ認められていません。

③ SPACを活用した上場のメリット

　未上場会社がSPACを活用して上場するメリットの大きなポイントは、IPO手続きの簡素化・迅速化です。未上場企業が独自でIPOを目指す際は、厳しい審査を通過するための時間・労力・金銭コストが必要となります。SPACを活用すれば、M&Aの手続きとなるため、これらを大幅に節約することができます。

　前述のとおり、日本ではSPACによるIPOは認められていません。海外の主要取引所におけるSPAC上場の可否の状況は、図表21のとおりです。現在、SPAC上場については、内閣官房が行う「成長戦略会議」において検討が進んでいます。今後はSPACを導入した場合に必要な制度整備について、海外の動向等を踏まえつつ、検討が進められることとなっています。日本では、上場基準を緩めたIPO制度の見直しが行われましたが、市場での大きな資金調達ができずじまいで、問題になっています。

図表 21　海外の主要取引所での SPAC 上場の可否

	英国	ドイツ	フランス	カナダ	イタリア	韓国
主要取引所	ロンドン証券取引所	フランクフルト証券取引所	ユーロネクスト・パリ	トロント証券取引所	イタリア証券取引所	韓国取引所
主要取引所におけるSPAC上場の可否	○	○	○	○	○	○

出典：内閣官房「成長戦略会議（第 11 回）配布資料」より

　繰り返しますが SPAC（特別買収目的会社）は、それ自体は特定の事業を持ちません。したがって投資を判断する事業が全くないのです。この段階での投資はリスクがとても大きいので、そのリスクを負担できる投資家が存在する必要があります。将来の未公開会社・事業を買収することのみが設立目的となっている会社なのです。未上場企業は SPAC への買収手続きを経ることで、上場会社となることができます。現在の IPO は、事業会社の業績を精査し、その財務諸表データなど最低でも 2 年分開示する必要があります。SPAC は、この手続きを通さずに、簡素化・迅速化することができます。日本では、現在 SPAC 制度について検討段階です。図表 21 で示したとおり、海外では認可されていますが、日本での法整備は遅れています。

　今後、SPAC による IPO が制度整備された場合、SPAC は M&A を活用した制度となり、法人組織改革の新たな手段になります。IPO には、「公開準備コスト（イニシャルコスト）」や「IPO 維持コスト」、「ガバナンス体制の構築コスト」が必要です。SPAC を活用することで、少なくともイニシャルコストを引き下げることができます。前述のベンチャーファンド、TOKYO PRO Market（投資専門家専用の市場）のような IPO 制度の多様性だけではなく、IPO に至るまでの方法も多様化することが、スタートアップも含めた地域の中小企業にとってどのようなチャンスにつながるのか。今後も注視する必要があります。

図表 22 からは、ここ 20 年の M&A の件数の増加が確認できます。経済活動を活発化させる手段が必要です。

図表 22　M＆A件数の推移

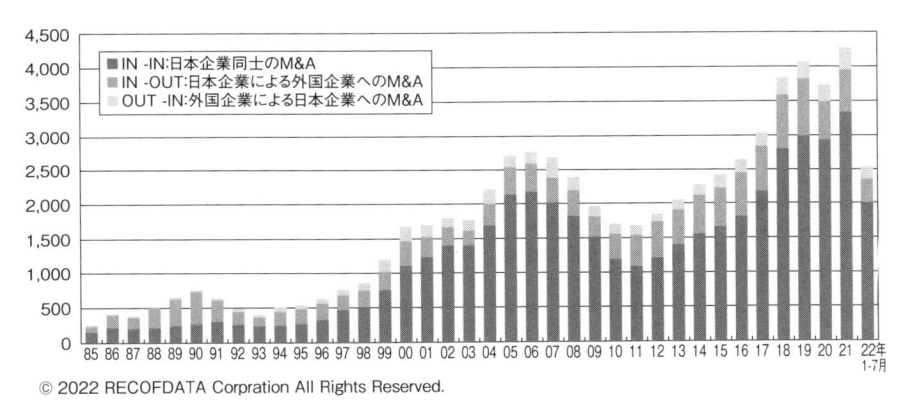

```
4,500
4,000    ■ IN -IN:日本企業同士のM&A
3,500    ■ IN -OUT:日本企業による外国企業へのM&A
3,000    ■ OUT -IN:外国企業による日本企業へのM&A
2,500
2,000
1,500
1,000
  500
    0
    85 86 87 88 89 90 91 92 93 94 95 96 97 98 99 00 01 02 03 04 05 06 07 08 09 10 11 12 13 14 15 16 17 18 19 20 21 22年
                                                                                                                    1-7月
```
© 2022 RECOFDATA Corpration All Rights Reserved.

出典：レコフ M&A データベースより

7-3-5　連結決算

　連結決算とは、企業の経営成績や財務状況を親会社・子会社別に個別の財務諸表として作成するのではなく、子会社を含めた企業グループ全体を1つの企業体として財務諸表を作成するために行う決算です。連結決算で作成される財務諸表を連結財務諸表といい、連結貸借対照表、連結損益計算書、連結剰余金計算書、連結キャッシュフロー計算書の４点が含まれます。2000 年 3 月期から連結範囲の拡大がなされ、単独決算書よりも重視されています。

　親会社と子会社の利益を合計したものが連結利益ですが、売上や支出された費用において内部取引がある際には相殺され、実現した利益のみが表示されます。連結対象となる子会社は、通常、親会社に 50% を超えて持株支配されている場合（持株基準）です。しかし、実質的に人事など別の力により支配している場合は、50% 以下でもその会社の意思決定機関を

支配しているとみなされます。その場合も、連結の対象にすることがあります（支配力基準）。しかし、連結決算を重視しすぎて、個別決算の重要性を忘れると、企業活動の変化に気づくことが遅れる場合があるので注意が必要です。

7-4 国際規格

（1）国際規格とは

国際規格とは、国際標準化団体が策定した規格で、**国際標準**とも呼ばれています。具体的には、国際標準化機構（ISO）などの国際標準化団体が策定した規格のことで、国際通商における技術的障壁をなくすために制定されている場合が多いようです。全世界の汎用品に利用されるため、製造業のグループ化に影響を及ぼします。

国際規格は、各国（地域）の実情に合わせて修正して使われることもあります。国際規格を採用するということは、技術的にその規格をその国の標準として使う規格にすることであり、国際規格は、各国が独自に設定した規格が国際通商の技術的障壁となっているのを打破する狙いがあります。

技術的障壁は、互換性のない方法を使っている企業グループの衝突で起こります。一般消費者は、標準化された国際規格で製造された製品を使うことで、その利用に必要な関連機器を整備するコストを抑えられるのです。

（2）国際標準化団体

国際標準化団体には、以下のような組織があります。
①国際標準化機構（International Organization for Standardization）
略称 ISO は、電気分野を除く工業分野の国際的な標準である国際規格を策定するための民間の非政府組織です。
②国際電気標準会議（International Electrotechnical Commission）
略称 IEC は電気工学、電子工学、および関連した技術を扱う国際的な

標準化団体です。その標準の一部は ISO と共同で開発されていますが、電気分野の標準化は ISO では行わず、IEC によって策定されています。
③国際電気通信連合（International Telecommunication Union）
　略称 ITU は国際連合の専門機関の 1 つで、無線通信と電気通信分野において各国間の標準化と規制を確立することを目的としています。
④ ASTM International
　世界最大の民間の非営利の国際標準化・規格設定機関です。工業規格の **ASTM 規格**を設定・発行しています。
⑤オープン標準（Open standard）
　その規格の使用にあたって、知的財産権を気にすることなく、公然と利用することが可能な標準です。「使用料が徴収されない技術」の意味に限定されることもあります。例えば、ISO や IEC、ITU といった国際的に認知されている主要な標準化団体が策定する標準では、それらの規格の使用にあたって特許料を徴収することを許しています。しかし、欧州連合の定義によれば、無料で利用できるものをオープン標準としています。
⑥国際単位系（SI 単位系）
　単位はメートルを使い、十進法を原則とした最も普遍的な単位系のことです。略称 SI はフランス語で、これはメートル法がフランスの発案という歴史的経緯によります。
　国際単位系は、メートル条約に基づきメートル法の中で広く使用されていた MKS 単位系（長さにメートル：m、質量にキログラム：kg、時間に秒：s を用い、この 3 つの単位の組み合わせでいろいろな量の単位を表現します）を拡張したもので、1954 年の第 10 回国際度量衡総会（CGPM）で採択されました。現在では世界のほとんどの国で使われています。
⑦万国郵便連合（UPU）
　郵便に関する国際機関です。万国郵便連合の設立によって、次の 3 点が加盟国で合意されています。
　・地球上のほぼすべての域から固定料金に近い形で郵便物が送れること

- 国際郵便、国内郵便（内国郵便）がともに同様の扱いがなされること
- 国際郵便料金は、それぞれの国で徴収し、使用すること

（3）国際規格獲得に向けた動き

　企業が独自に開発した新商品に対する企業独自の規格が国際規格となることは、企業にとって大きなメリットがあります。国際規格を勝ち取った商品は、世界市場での販売が容易になり、その周辺機器などに対する特許権での収入も見込めます。過去の例で見れば、ビデオの VHS 方式とベータ方式、ブルーレイ方式と HD-DVD 方式などが有名です。国際標準とならなかった技術は事実上市場から消えてしまうので、メーカーからすると、その製品開発のために費やした投資が無駄になってしまいます。自らの属する企業グループが国際規格を獲得することは、非常に重要なことといえるのです。

　他にも最近の事例をあげると、電気自動車の充電器の規格があります。電気自動車の普及は時間の問題といわれています。化石燃料を使用したエンジン駆動から電気駆動に代わると、その部品点数は 10 分の 1 程度にまで削減されるといわれています。この部品点数の減少は、自動車自体の価格を大きく引き下げ、パソコンなどと同様に爆発的に発展途上国にも普及することが予想されます。

　急速な普及が進むと予想される電気自動車に電気を供給する装置が EV 充電器です。この自動車向けの EV 充電器は、電気自動車が世界に普及すれば、今のガソリンスタンドに代わる存在になります。現在の EV 充電器については日本を中心に「チャデモ方式」の充電器が設置されていますが、この方式では単に車を充電するのみではなく、震災時などの異常事態のときには、EV 自動車から家に電気を供給できるシステムとしての研究が進んでいます。

　この EV 充電器をめぐって、国際標準化を目指す動きが活発化しています。日本勢とフランス（プジョー、シトロエン）、韓国（サムスン）はチャデモ方式を採用していますが、米国勢とドイツ勢は、急速充電と普通充

電のプラグを一体化した「コンボ方式」を提唱しています。どちらの規格が国際標準となるかで、その所属する企業グループの設備投資や研究開発に大きな影響が出ます。このような国際規格（標準化）獲得を狙う動きは、企業を超えて政府が後押しする官民一体化した動きが必要となる大きな問題なのです。

7-5 DX（デジタルトランスフォーメーション）

　DXとは、Digital Transformation（デジタルトランスフォーメーション）の略称で、企業がビッグデータやAI、IoTをはじめとするデジタル技術を活用して業務プロセスの改善や新しいビジネスモデルを創出したりするだけではなく、さらに企業文化や風土を改革し変革を実現していくことを指します。日本経済はここ30年間、成長が鈍っています。この遅れを取り戻すには、グループ会社に限らず、グループを超えて新しい視点で、新たな成長可能な仕組みをつくり出すことが必要です。

　「2025年の崖」は、経済産業省が2018年に発表した「DXレポート」と呼ばれる資料の中で使用された言葉で、DX改革に乗り遅れて崖から落ちないように、日本の企業経営陣に具体的な行動を促したものです。中身は、企業活動および消費活動をデジタルによって変革すること。つまり、デジタル技術を使って企業は新たなビジネスモデルを生み出すことで、消費者の生活向上を目指すというものです。

　デジタルによる変革とは、AI（Artificil Intelliegnece：人工知能）、IoT（Internet of Things：モノのインターネット）、ICT（Information and Communication Technology：情報通信技術）、クラウドサービスなどを含んだ総合的な技術による変革のことです。経済産業省のDXレポートでは、日本国内の企業が市場で勝ち抜くためにはDXの推進が必要不可欠であり、DXを推進しなければ業務効率・競争力の低下は避けられないとしています。企業経営陣が何も対応せずに競争力が低下した場合、

2025年から年間で約12兆円もの経済損失が発生すると予測しています。これが「2025年の崖」です。

7-5-1　「ビッグデータの活用」

　ビッグデータとは、従来のデータベース管理システムなどでは記録や保管、解析が難しいような巨大なデータ群です。これについては明確な定義があるわけではなく、企業向け情報システムメーカーのマーケティング用語となります。簡単に言い換えれば、様々な種類や形式のデータを含む巨大なデータ群のことで、「量（volume）」「種類（variety）」「入出力や処理の速度（verocity）」の3つの要素から成り立っています。

　IT技術の進展で、ビッグデータを効率的に解析できるようになりました。従来の技術では難しかった非構造化データ（動画、音声、テキストなど）やリアルタイムデータの蓄積と活用が可能になったのです。ビッグデータとは、単に量が多いだけでなく、様々な種類・形式が含まれる非構造化データ・非定型的データです。このデータは、日々膨大に生成・記録され続けます。膨大なデータの蓄積と活用は、今までは管理が難しく、活用することができませんでした。データ群を記録・保管して即座に人工知能（AI）で解析することで、ビジネスや社会に大いに役立つのです。今まで気が付かなかったデータのつながり、新たな仕組みやシステムを創造できます。

　総務省の『情報通信白書（平成29年版）』によると、ビッグデータは次の4要素から構成されます。
① 「オープンデータ」；国や地方公共団体が提供するデータ
② 「知のデジタル化」；暗黙知（ノウハウ）をデジタル化・構造化したデータ
③ 「M2Mデータ」；企業から吐き出されるストリーミングデータ
④ 「パーソナルデータ」；個人・個人の属性に係るデータ

第7章 現代企業の構造

これらを活用することが、今後の発展には重要です。

　ビックデータの活用範囲は非常に広く、実際には次のような場面で使われています。
①大学、研究所等での科学・学術研究：高精細かつ膨大なサンプリングで解明
②政府の V-RESAS：例えば、新型コロナが地域経済に与える影響を可視化するもの
③行政のオープンデータ：地域の産業、人々の暮らしを支援するシステム
④ BI（ビジネスインテリジェンス）：企業の新たなビジネスを創作する仕組み

　さらに現実的な活用事例としていくつかの例をあげて見てみましょう。
①防犯カメラ
　防犯カメラは膨大なビッグデータを集める手段です。犯罪防止だけではなく、コンビニなどで無人販売が試行されています。また、これらのデータは、顧客の行動データを解析できることから、新たなマーケティングに役立てることが可能になります。
② N システム（自動車ナンバー自動読取装置）
　これは警察が主要幹線道路に設置した監視システムです。走行中の車のナンバーをすべて読み取ると同時に、手配車両のナンバーと照合します。このシステムは犯罪捜査だけではなく、渋滞の予測やドライバーへの警告などにも利用されています。
③ IC チップ付きの交通カード（SUICA、PASMO など）
　駅の改札でタッチ＆ゴーをする交通カードです。電車やバスの運賃支払に使われるだけではなく、タッチした際の情報が改札機を通して鉄道会社等に送られ、自社内システムで利用されています。さらに、これらのカードを使って買い物をすると、顧客の行動（購買、回数、嗜好など）が自動的にビッグデータとして蓄積されます。交通システムから、マーケティン

グ戦略に役立つ情報が取れるのです。

④アンケート調査

　従来は、統計的に有意になるアンケート調査をすることで予想していましたが、人工知能の発達により過去のデータや関連する統計データを組み合わせることにより、精度の高い予測が可能になりました。

7-5-2　人工知能（AI）の活用

　人工知能は、人間の脳の仕組みを模倣したシステムです。したがって人のように考え、問題を解き、学んでいくことができます。人間が思考するときに、脳内でシナプスが動きます。シナプスとは、神経情報を出力する側と入力される側の間に発達した情報伝達のための接触構造です。この動きで情報の流れを捉え、人間は情報を判断し、また新たな思考を創造していきます。あらかじめ決められたプログラムではなく、シナプスの流れで情報を捉えていくのです。この流れを繰り返すことで、人は学習していきます。この学習には、時間と努力が必要です。まだ発展途上ですが、この過程をコンピュータに任せることができるようになりました。それが、ディープラーニングと呼ばれる技術です。この技術により、ビッグデータの活用が大きく進展しました。コンピュータは、人と違って疲れません。また、何台も組み合わせることもできます。さらに、量子コンピュータという、従来のコンピュータの数千倍も処理能力が早い次世代のコンピュータの開発も進んでいます。具体的な人工知能活用事例として、次のようなものがあります。

①生産、販売管理

　事例1；コマツのKOMTRAX（コムトラックス）

　　KOMTRAXとは、コマツが開発した機械情報を遠隔で確認するためのシステムです。機械の稼働情報や警告情報を収集し、お客様の稼働管理やメンテナンス管理をサポートできます。世界での稼働情報から、

将来必要とする交換用部品の需要、無駄のない効率的な販売予測とその予測に伴う生産管理、在庫管理が可能になります。

事例2：富士通のSCM（サプライチェーンマネジメント）

富士通は、ビッグデータを活用し、複数の需要予測のシナリオに基づいて一定期間先読みができるSCM向けのモデル予測制御技術を開発し、販売しています。SCMとは、自社内あるいは取引先との間で受発注や在庫、販売、物流などの情報を共有し、原材料や部材、製品の流通の全体最適を図る管理手法であり、その情報システムです。

②ビッグデータを活用した需要予測

事例3；ウェザーニューズの民間総合気象情報サービス

例えば、ビールの売れ行きは気象の影響を大きく受けます。生産には時間とコストがかかります。夏が暑ければビールは売れますが、「在庫切れ」の場合、販売機会を失い機会損失となります。逆に冷夏の場合は売れません。この場合は「在庫保有コスト」と賞味期限切れでの「処分コスト」がかかります。つまり、精度の高い発注・生産計画が必要となるわけで、そのためには、膨大な気象データからの長期的な気象予報が必要になります。

船舶、航空機の運航では、天候により燃料消費に大きな差が出ます。また、安全面でも、天候は非常に重要な要素になります。

事例4；大和ハウスの物流ソリューション、Dプロジェクト

AI・ロボティクスなどを駆使し、DX時代の「次世代物流センター」を各地で建築しています。物流の付加価値を高める機能を総合的に提供します。ビジネス環境は時代とともに変化し、ロジスティクスはサプライチェーンの枠を超え、企業経営の位置付けが大きく変わりました。製造業、小売等の業種区分を超えて、重要なビジネス課題として戦略的に取り組む企業が増加しています。この大変革の時代、DX技術を駆使して、総合的に新たな課題やシステム提供を進めています。

③ IoT

IoTとは「モノのインターネット」のことです。つまり、様々な「モノ」がインターネットに接続され、情報交換することにより相互に制御する仕組みのことです。IoTの身近な具体例と事例について紹介します。

事例5；Iot家電等の身近な商品

既に実用化されている事例をいくつかあげてみます。

1) スマートスピーカー：人工知能を搭載し、映像、音楽、天気、家電との連携、簡単な会話（スケジュール、タイマー等）が可能です。
2) エアコン：スマホで、外出先からリモコン同様に遠隔操作できます。
3) 冷蔵庫：冷蔵庫内の食材の管理ができます。また、消費電力を管理できます。
4) 洗濯機：スマホで遠隔操作可能です。選択状況がスマホに通知されます。
5) 掃除機：センサーを搭載し、室内を掃除します。スマホでの遠隔操作ができます。
6) 照明：明るさや色を遠隔操作できます。オンオフを外部から確認できるので、高齢者の生活確認に利用できます。
7) カメラ：防犯カメラとして、リアルタイム情報をスマホで確認できます。外出先からペットの様子を見ることもできます。
8) 調理器具：ネット上からレシピを確認でき、画像を見ながらの調理もできます。料理によっては、鍋に材料を入れておくだけの調理の自動化も可能です。
9) ウェアラブル端末：腕時計や眼鏡のように身に着けることで、個人情報を取り込み、活用するための商品です。腕時計のように手首に装着するスマートウォッチは、GPSを内蔵し、身に着

けている人の行動記録、血中酸素、心拍数等を記録し、健康情報として改善点を示してくれます。体重計との連携も可能です。

④製造業、農業、学校での活用

インターネットを通じて、リアルタイムで工場や農場での機械稼働状況を把握できます。また、人工知能でそのデータを解析させ、必要なアドバイスを受けることも可能です。それぞれの活用事例を紹介します。

1) 農業：河川の水位、降雨量、風向、風速等の自然環境をリアルタイムで確認できます。また、ビニールハウス内の温度、湿度、水の供給等を遠隔操作で行えます。
2) 製造業：生産工程の管理、消耗品の摩耗状態、人員の移動状況、休憩時間の管理など、センサーやカメラを設置することで、様々な情報を得て活用できます。
3) 教育現場：センサーやカメラにより、出席状況の他、イベント、食堂、図書館の利用状況、成績等と連携が可能になります。データをAIで解析し、学生に最も効率的な学習方法のプランを提示することも可能になります。

7-6 GDPR（EU一般データ保護規則）

(1) GDPR

GDPR（General Data Protection Regulation：EU一般データ保護規則）とは、個人データ保護やその取り扱いについて詳細に定められたEU域内の各国に適用される法令のことです。

米国のGAFA（Google、Apple、Facebook（Metaに改称）、Amazonの頭文字）と呼ばれる企業が、個人情報の活用において、EU市場でも圧倒的なシェアを獲得しています。そこで、EU市場での個人情

報の保護と活用手法について法整備を改正し、GDPR が 2018 年 5 月 25 日に施行されました。基本は人（自然人）の基本的な権利の保護ですが、個人情報の扱いについて規制を厳格化することと、EU 域内での個人情報（ビッグデータです）の活用を想定しています。具体的に重要な規制は次の事項です。

- 個人データの処理、移転（別のサービスでの再利用など）に関する原則
- 本人が自身の個人データに関して有する権利
- 個人データの管理者や処理者が負う義務
- 監督機関設置の規定
- 障害発生時のデータの救済と管理者および処理者への罰則
- 個人データの保護と表現の自由　など

　また、EU での個人情報の活用による利益に対して、課税強化（制裁金を含む）することも想定しています。GDPR の規制に違反したときに多額の制裁金が課せられます。EU 居住者の個人データを取り扱う場合、EU で活動する企業だけではなく、インターネットでの取引のみで EU 内に物理的拠点がない場合であっても、企業規模にかかわらず対応が求められます。主なターゲットは米国の GAFA などですが、日本企業も当然対象になります。全世界的なルールづくりに弱い日本ですが、EU 諸国と取引する以上は、つくられたルールには従わなければなりません。

　日本においても改正個人情報保護法が 2017 年 5 月 30 日から全面施行されています。また、2019 年 1 月 23 日に個人情報保護法の対象範囲内に限り、個人データについて十分な保護水準を満たしていることを認める認定を欧州委員会から受けました。これにより、企業は個別の契約を結ぶなど煩雑な手続きが不要になりました。これまでどおり、EU 域内からの個人データも活用できます。しかし、日本が認定を受けたとしても、データに対する保護措置は変わりません。日本の法令のみならず、GDPR の企業としての対応を整備していくことが必要です。

　日本企業として GDPR への対策が必要となるのは、具体的には以下の

ようなケースです。
- EU に子会社や支店、営業所を持つ企業
- EU に子会社、支店、営業所等の拠点がなくても、日本から EU に商品やサービスを提供している企業
- EU から個人データの処理について委託を受けている企業　など

　EU に子会社や支店・営業所を持つ企業、また、EU 域内で個人データを収集し、日本国内でその取り扱いを行う場合でも、GDPR に基づいたデータ処理が必要になります。つまり、GDPR の適用対象は広いのです。Cookie（サイトを訪れた日時や、訪問回数など、さまざまな内容の記録）などで得られる個人データを処理する場合、EU 域内に個人データを扱うデータベースやサーバーが設置されている場合はもちろん、ネット通販などで EU 域内へ商品やサービスを販売している場合も GDPR が適用されます。事業状況から GDPR への対策が求められる日本企業は、かなり多くなります

第 **8** 章

政府と企業

8-1 政治体制と経済

　現在の世界は、市場経済を重視する国が中心です。かつては、市場経済を重視する資本主義国家（欧米諸国など）と計画経済を重視する社会主義国家（旧ソビエト連邦など）とに分かれ、冷戦といわれるような対立時期がありました。結果的に、市場原理を取り入れない経済は計画どおりに物事が進まず、ソビエト連邦の崩壊や中国の市場経済重視の政策転換により、事実上計画経済を進める社会主義の国はなくなりました（例外として一部の独裁国家では残っています）。

　このような市場経済全盛の時代であっても、すべての経済活動を市場原理に任せているわけではありません。政府と企業の関係は多様で、経済発展の程度も国によって異なるためです。また、政府は自国の企業が発展できるように、国民生活が豊かになるように政策をとっているのですが、それらが必ずしもすべて成功しているわけではありません。こうした現象について、戦後の日本の産業政策を振り返りながら、政府と企業の関係を学んでいきましょう。

8-1-1　市場経済

　市場経済の基本的特質として、厳しい企業間競争、財やサービスに対する消費者の自由な選択権、価格を通じた需要と供給の調整があげられます。それらに対して、政府は関与していません。企業は財やサービスの生産において激しく競争し、消費者は数多く生産されるそれらのものから自ら自由に選択することができます。それによって消費量の多い財・サービスは生産量・価格が上昇し、それを生産・販売する企業の売上が進展し、業績を向上させることができます。逆に、消費者に選択されない（選択されることが少ない）企業については、財・サービス・生産量・価格が低下し、さらに売上低下を招き、企業は業績を悪化させることになります。

第8章　政府と企業

　すなわち市場経済においては、消費と生産は消費者・企業自体によって決定されるのです。そして、それらの消費量と生産量を調整するものが価格を通じた市場メカニズムです。消費量（需要）の増大する財・サービスでは、価格が引き上げられ生産量（供給）が増大します。一方、需要の減少する財・サービスでは、価格が引き下げられ供給量は減少します。つまり市場メカニズムとは、財・サービスの生産において価格と生産量が連動しているメカニズムを意味します。市場経済においては、企業と消費者がその主体者なのです。

　一方で、現実の社会における財・サービスの価格は、市場経済のみですべてが決まるというわけでもありません。日本においても多くの財・サービスに政府が関与しています。例えば、米などの農産物への補助金支出や、それらの輸入を制限するための高い関税などです。他にも、ODA（Official Development Assistance：政府開発援助）やTPP（Trans-Pacific Partnership：環太平洋戦略的経済連携協定）などの、政府が行う外国への支援や条約も企業活動に大きな影響を与えます。

8-1-2　計画経済

　計画経済においては、政府の中央組織の計画局が国有企業に対して指令を発します。この指令は、市場経済における価格と生産量を決定する市場メカニズムに代わるものです。

　社会主義国の中央集権的計画経済システムは、政府の中央組織の計画局、国有企業、家計の経済主体で構成されます。中央計画局は消費者の選好、必要とする資材、生産のための機械、労働量、生産能力、過去の生産実績、保有する資源の質・量などについて、完全な情報を保持していると仮定され、それが計画をつくる上での前提となります。政府は国有企業に対して、完全と仮定されたその情報に基づいて財・サービスの生産の指標、計画目標を与えます。生産に必要となる原料や資材は国家委員会（資材・技術）から供給され、販売先などの取引先も政府によって決定されることになり

ます。

　この計画経済においては、生産手段に対する個人の私的所有権は認められていません。すべての生産手段は国家の所有とされます。これは政府の中央計画局が、計画的に資源配分を行うということです。労働、資本、エネルギーなどの配分、設備投資の内容と規模、消費量、取引対象、貿易活動等、すべての経済的活動が政府中央計画局の立案・計画によって決定されるのです。

　換言すると、計画経済においては、企業と消費者は、政府の決定どおりに生産と消費をする経済主体ということになります。また政府の中央計画局は、あらゆる経済的活動に対して完全な情報を持ち、それに基づいて完全な計画を立て、かつ完全に実行しなければなりません。

　しかし、実際の計画と現実には必ずズレが生じます。なぜなら、人は競争のない世界では概して怠惰になり、計画どおり動くとは限りませんし、また、市場経済を採用する外部から調達する資源などは、需要と供給の調整システムにより価格が変動し、これも計画どおりにはいきません。

　このように、現実の経済活動においては計画経済は予定どおりには進みません。実際に社会主義国では、この計画経済の不合理性に気が付き、現在ではほとんどの国が市場経済に移行しています。したがって現実的には、市場経済ではうまく機能しない分野を政府が法律や仕組みをつくって補完することで、全体のバランスをとる政策がとられています。

8-2　産業政策

8-2-1　官僚政治

　日本では、戦後の荒廃から立ち上がったときから高度経済成長期までの間、市場経済を柱とする産業政策が有効に機能しました。官僚制をとる官民協調体制がうまく機能したのです。官僚制とは、多くの政党・政治団体

の他、私企業、労働組合、社会福祉団体、非政府組織（NGO）などの民間団体にも見られるヒエラルキー（位階、階層）構造を持ったシステムのことです。

　官僚制は基本的に、①形式的な規則に基づいて運営され、②上意下達の指揮命令系統を持ち、③一定の資格を持った者（試験・実務経験が課されます）のみを採用し、組織への貢献度に応じて地位・報償が決まります。そして組織としては、職務が専門的に分化され、各部門が協力して組織を運営していく分業の形態をとります。この形態には、実力のある者、実績を上げた者が上位に移行できる競争原理を取り入れた階級制度が内在しています。

　日本の官僚政治とは、一般的には国家公務員一種試験に合格して採用された国家公務員が主導する政治のことです。政治を司る高級官僚とは、国の行政機関に所属する国家公務員の中でも、特に中央省庁の課長以上の地位にある者を指します。

　官僚という用語は法律で規定されているわけではなく、公的なものを含めて明確な定義は存在しません。ほとんどの産業政策はこの官僚が立案し、政治家が政治判断を加えて実行に移されます。

8-2-2　産業政策の定義

　産業政策とは、市場経済の失敗を補正するため、政府の政策により産業間の資源配分や特定産業内の産業組織に介入し、国の経済厚生を高めるものです。

　マクロ政策としては以下のものがあげられます。
- 不況期で仕事がないときに行う公共工事などの財政政策
- 金利を変動させ、市中に出回る資金を調整する金融政策
- 税制や関税を変更する税務政策
- 貿易協定などの通商政策
- 独占禁止法を中心とした競争政策

- 特許や著作物を保護・育成する知財政策

　こうした政策は経済全体の成長を目的としたものであったり、中小企業の保護や消費者の保護・育成を目的としたものであったりし、個別産業、個別企業をターゲットにしたミクロ政策によって国の政策を遂行する場合もあります。具体的な政府の産業政策は次のとおりです。

　第1に、規模の経済が有効で、当初の設備投資に莫大な費用がかかる産業を政府は国営で行います。規模の経済とは、当初の設備投資は大きいですが、生産量の増大につれて平均費用が減少する結果、利益率が高まる傾向をいいます。同じ意味で、規模に関する収穫逓増、費用逓減といわれることもあります。事例としては、郵便、鉄道、通信、航空、発電、高速道路、港湾施設の建築等があります。順調に動きだすと、政府は、国営企業を民営化することで経営の効率化を進めます。

　第2に、政府は補助金を支給したり、税制面で優遇したりすることで、成長産業や戦略的に重要な産業を保護・育成します。また、経済の大きな流れの中で衰退産業となった業界を支援し、新たな産業分野に移行できるように資源を援助・調整します。

　こうした、政府が企業に行う産業政策は、一時的な失業回避や景気の急な下降を避ける意味での効果は認められますが、長期的に見て有効かどうかは疑わしいといえます。なぜなら、衰退産業や不況業種は既にその役目を終えた産業で、延命させることにより市場の自動調整機能を遅らせてしまうからです。その間に、海外競合企業による市場シェアの拡大が進行してしまうこともあります。

　第3に、政府は、投資の回収に時間を要する基礎研究への資金供給や技術・情報の不足を補正します。将来有望な医療やIT分野の基礎研究や不確実性の高い情報への投資は、失敗するリスクが高く、市場化しにくい面があるからです。成功事例としては、超LSI技術研究による半導体技術開発のケースなどがあります。最近では、再生医療への投資や宇宙開発技術などに政府が関与しています。

　第4に、政府は、一時的に窮地に追い込まれた個別業界の組織や構造に

介入することがあります。かつて独占禁止法の適用除外としていた不況カルテルや合理化カルテルがこれに該当します。しかし、この不況カルテルや合理化カルテルは、1999年、2000年の法改正により廃止されました。今日、この種の産業政策はなくなる方向にあります。

さらに、国民に大きな影響を与える大規模企業の経営破綻を避けるために、政府が介入することがあります。事例としては、日本航空の再建や東京電力の原発事故への支援があります。これらの事例では、政府が積極的に関与することで、国民の生活基盤となる空路と電力提供サービスを途切れさせませんでした。

このように国民生活に重大な影響が出る場合を除くと、政府の個別業界への介入は減少しています。他にも、国や地方公共団体が行う公共事業などにおける競争入札の際、複数の入札参加者が前もって相談し、入札価格や落札者などを協定しておく「談合」と呼ばれる商慣習も、今日では企業間の自由な競争を阻害するカルテルの一種として扱われています。談合は独占禁止法に違反する他、刑法の談合罪（刑法第96条の6第2項）で処罰されるようになりました。

第5に、政府は、政治的要因や国際的要請から産業政策を行うことがあります。農業分野の輸入制限や災害時の緊急輸入、貿易摩擦を回避するための自動車の自主的な輸出規制などがこれに当たります。この場合、その分野の産業に与える影響と、国際社会でのバランスを考慮した慎重な政策が必要になります。

8-2-3　政府の失敗

計画経済がうまく機能しなかったように、政府が行う産業政策にも失敗は付き物です。日本の産業政策は経済産業省が行うことが多いのですが、産業政策の効果には限界があります。政府が失敗してしまう要因として以下のものがあげられます。

- その計画を立てる段階ですべての情報を保有しているわけではない

- 効果的な政策手段を必ずしも持ち合わせていない
- 将来の見通しが経済環境の変動などで大きく変わり、その産業政策の波及効果を正確に推測することは不可能である

　政府の産業政策の失敗は、経済成長を遅らせてしまったり、他国の経済に悪い影響を与えたりもします。そのため産業政策には限界があることを知り、過大評価しないことが肝心です。また、政府の他の政策との融合性や他国への影響を考えながらのバランス感覚も必要になります。

　産業政策は、市場経済に任せておいたのではうまく機能しない分野に限って行うべきです。産業政策の方向性を誤ると、かえって新しい産業に進展すべき分野の成長を遅らせ、旧態依然とした体質が更新されずに残ってしまうことがあるからです。

8-2-4　規制緩和

　近年、日本政府は、財務の収支バランスが悪化し、歳入の約半分を赤字国債の発行に頼る予算編成となっています。そのため財源が不足し、大きな公共投資ができないといった状態です。また、日銀の金融政策は金利がゼロに近い状態を継続しており、だんだんとその有効性が薄れてきています。つまり、財政政策と金融政策は、事実上何もできていない状態が続いています。そこで注目されているのが、予算が少なくて済む経済支援策である規制緩和です。

（1）規制緩和のメリット

　規制緩和は、経済構造改革を進める有効な手段の1つです。市場における様々な制限を取り除き、参入条件を緩和することにより、企業が自由な活動を行いやすくしたり、新たな市場をつくったりすることもできます。規制緩和の事例として、電話事業があります。従来は電電公社が独占していた業務を民営化（NTT）し、さらに市場参加の条件を緩和しました。

　市場参入に関する規制がなくなる（もしくは弱くなる）と、新しく市場

に参入できる企業が増えます。そこには企業間の競争が生まれるので、企業は創意工夫し、より品質のよいサービスや品物をつくるようになります。また、新しい技術や発明が生まれる可能性も高くなります。さらに新しい雇用も大幅に増えることが期待され、国民の利益になります。

しかし一方で、離島や過疎地域など利益が見込めない地域の設備投資を怠ることも予想されます。そうした部分については政府の介入が必要となりますが、その際も、できるだけ規模は小さく最小限にとどめます。できるだけ市場原理に任せることが産業の育成につながるのです。

（2）規制緩和の狙い

政府の規制は当初、民間企業では容易にできない大規模な投資が必要な場合や、悪質な業者が乱立する可能性がある業種などに対して行われます。一方、経済が発展し安定してくると、規制によるメリットよりも高コスト体質や利権維持の行動による非効率が目立ち始めます。そうしたときに規制緩和が行われると、大きな効果があります。

規制緩和の狙いは、第1に競争原理を導入し、製品やサービスの質を向上させるとともに価格を下落させ、消費者にメリットがある環境をつくることにあります。規制で保護されていることによる高コスト体質を改善します。企業は、競争原理にさらされると、存続をかけて生産性を上げることに必死になり、結果として製品やサービスの質が上がり、価格は下がっていくことになります。

第2の狙いは、規制緩和により、今までなかった新産業や新サービスを生み出すことにあります。例えば、農業では厳しい規制を行うことで農家を守ってきましたが、株式会社組織での農業参入を認めることで大資本が農業の規模を拡大し、効率的に運営することが可能になります。地方にも雇用が生まれ、農業の工業化が見込まれます。そして農業が大規模化すれば、欧米諸国の大農園で生産される農作物の関税を撤廃しても、競争が可能になるかもしれません。農産物の関税が撤廃されれば、自由貿易が拡大し、全体的に国民生活が向上すると考えられます。

しかし、そうしたよい部分の一方で、国内の小規模な兼業農家はその生計が成り立たなくなり、短期的には離農する人が増えてしまうという悪い面も起こり得ます。規制緩和には、よい面と悪い面の両面があるのです。

8-3 戦後の復興と高度成長期

（1）戦後復興期の日本経済

日本経済は、占領軍による財閥解体、農地改革、労働民主化などの産業政策により改革が始まりました。占領軍主導で行われた政策は日本政府による産業政策ではありませんが、結果的に産業の近代化につながり、一般国民が豊かになる契機となりました。全国に特定郵便局をつくり、焼け残った民間の建物と人材を効率よく利用することで全国に金融網を広げ、個人から資金を集めて企業の資金不足に応じる仕組みもつくりました。

日本政府は、戦後の資源不足の中で産業の復興を図るため、統制的な傾斜生産方式を1946年から1948年に導入し、基幹産業となる石炭、鉄鋼、肥料に優先的に資源配分を行い、戦後経済復興の基盤をつくりました。その後、1949年にジョセフ・ドッジ（GHQの財政顧問）により日本経済の自立と安定を目的とした財政金融引締政策（ドッジ・ライン）が実施されました。ドッジ・ラインの内容は以下のとおりです。

- 緊縮財政や復興金融公庫融資の廃止による超均衡予算
- 日銀借入金返済などの債務償還の優先
- 複数為替レートの改正による、1ドル＝360円の単一為替レートの設定
- 戦時統制の緩和、自由競争の促進

この政策は経済に大きな影響を与え、失業や倒産が相次ぎましたが、やがてインフレは終息し、財政は均衡しました。その後に起きた朝鮮戦争（1950年から1953年）の特需で経済は復興します。

戦後復興前期の産業政策は、統制的な政策によるもので、戦後の混乱を

終息させました。一方、戦後復興後期は、1951年に日本開発銀行や日本輸出入銀行を設立して、重点産業や輸出産業へ優先的に資金配分を行います。政府が重点産業を決めたことで、民間金融機関もそれにならい積極的に融資に応じ、企業の成長につながりました。この間に、円を海外に持ち出すことを原則として禁止する外為法（外国為替および外国貿易法）や業界のルールを定めた業法（業種ごとに定められた法律の総称）の整備が進展しました。このようにして、復興後期の日本での競争システムの枠組みが構築されていきました。

（2）高度成長期の日本経済

1960年代に入ると、日本経済は高度成長期に入り、年率10%を超える経済成長を遂げ始めます。1960年に政府の国民所得倍増計画が始まり、「貿易・為替自由化大綱」が発表されました。期限を設定して自由化の時期を明確に示すことで、国際競争力を付ける姿勢を明確にしました。当時の通産省（現在の経済産業省）は、素材産業の設備投資の調整に積極的に関わり、大型合併を実現させ、規模の経済が働くように産業を支援しています。産業支援も効果を上げましたが、それ以上に民間の活力が企業を成長させました。

8-4 オイルショック以降の産業支援

1971年に米国が金とドルとの交換を停止し、米ドルを中心とした固定相場が終わり、いわゆるニクソンショックが起きました。日本円は、1973年に固定相場制から変動相場制に移行し、これにより急激な円高に見舞われ、輸出産業に多大な影響を与えました。さらに、1973年と1979年の2度のオイルショックによってエネルギー価格が急騰し、あらゆる産業に影響を与えました。

この時期は、国内価格と国際価格が大きく乖離（かいり）した状態で製造を行って

いた高コスト体質の企業が、円と原油の高騰で競争力を失いました。政府は1978年、アルミ精錬業などの構造不況業種を保護するために特定不況産業安定臨時措置法を制定し、1983年には産業調整・転換をスムーズに行うように産業構造転換円滑化臨時措置法を制定しましたが、現実は市場原理によってドラスティックに変革されていきました。

　1980年代になると、日本の経済成長による日本企業の世界シェアが高まり、貿易摩擦への対策が重視されるようになりました。産業政策にも日本の市場開放と自由化の徹底が必要になり、日本特有の企業の仕組みや経営システムの国際化が求められてきたのです。市場の自由化、企業の国際化は、その後継続的に進んでいます。

　産業構造の変革に伴い、政府の産業政策は、次の日本を担う新産業・新サービスの育成に努める必要が出てきました。起業しやすい環境を整備し、ベンチャー企業の支援策が要求されました。ベンチャー企業が資金を調達できる株式市場の育成や、リスクの高い投資を促す税制などがこれに当たります。またストックオプション制度の導入など、優秀な人材を確保できる制度づくりも大切です。こうした制度は、起業に成功し、株式公開に至るまで企業を成長させた人たちへの成功報酬になります。

　やがて経済が成熟してくると、成長分野に変化が見られるようになります。政府の産業支援は、1960年代の重化学工業への国際競争力を付けるためのものから、1970年代以降の知識集約型・市場創造型企業の育成へと、目標が大きく転換されました。企業も、売上高・シェアの獲得競争から、創造性豊かな付加価値を付けた新しい商品・サービスの提供を目的とした収益重視の経営に転換してきています。

8-5　今後の産業政策

　バブル経済崩壊後の日本経済は、1990年代から現在まで、30年以上にわたり低成長が続いています。全国の遊園地は廃虚と化し、有名な観

第8章　政府と企業

光地でさえ閑古鳥が鳴いています。都心部以外の地方都市では、古いビルに空き室が目立ちます。都心では若者の車離れが進み、駐車場も簡単に見つけられるようになりました。

　日本では、2000年に入るころから、設備投資などの総投資額が減価償却を下回る状況が続いています。つまり、純投資はマイナスで、設備の更新がなされていません。こうした状況は、日本全体では生産性の低下を意味しています。鉄道や道路の社会資本の更新が遅れているのも原因ですが、一番の要因は少子高齢化にあります。急速に進む少子高齢化により、医療費や年金の負担が高まり、その結果、財政が苦しくなり、公共投資に回す資金が不足しているのです。さらに、企業の生産設備も工場の海外移転などで国内の設備更新は減少しています。こうした企業の設備投資の減少や社会資本の劣化は、経済活動全体や国民生活に深刻な影響を与えています。政府による将来を見据えた産業政策が必要になります。

　その経済政策としては、大きく分けて、成長政策、安定化政策、所得再分配政策の3つがあります。次に、この3つの政策について見ていきます。

8-5-1 成長政策

（1）新たな産業が興るための土壌づくり

　日本の経済成長率を高めるには、市場原理を十分に考慮した自由な競争市場の機能を最大限に利用しなければなりません。政府がやるべきことは、補助金を交付して既に衰退が始まっている企業を延命させることや、規制を強化して企業に雇用維持や年金負担の増額などを求めることではありません。規制を強化して企業に負担を強いることは、一時的な改善は見せても長期的には維持できません。世界経済の構造変化に応じた新たな産業やシステムを開発するしかなく、そのための政策が必要になります。

　しかし、こうした施策については、これらが未来のことであるため、過去の実績主義にこだわる政府に理解できるはずがありません。もし、次なる成長産業がわかっているのであれば、既に民間の投資家が見つけて投資

しています。したがって、ここで政府が行わなければならない成長政策は、市場の力を最大限に発揮できる仕組みを構築することです。つまり、新たな産業が興る土壌をつくることが大切で、できる限り規制緩和を進めることが肝心なのです。

（2）最も重要となるのは生産性の向上

　経済成長を進展させるには、資本（生産設備）、労働力、生産性の3要素の向上が必要です。

　この3要素の中で一番重要となるのは、生産性の向上です。資本（生産設備）の増強は、世界的な構造変化を見ると、労働力、資源、電力などが相対的に安価な新興国に対してコスト的に勝てません。また、労働力は、労働人口の減少が既に始まっているので難しいといえるでしょう。移民の受け入れといった選択肢も考えられるのですが、なかなか容易ではありません。結局、現実的に行えることは、技術革新を促進することで生産性を高めることです。

　生産性を向上させるための産業政策には、研究開発費の税制優遇、最先端分野の研究者への補助、新薬認可のスピードアップ、教育改革などがあります。いずれも、日本には従来なかった新しい産業を興す可能性を高めるためのものです。

（3）基礎研究を進展させるための諸施策

　政府が過去に行った成功分野への投資はすべて失敗しています。それは何が成長するかは政府には判断がつかないからです。規制を緩和し、成長分野の判断は民間に任せ、基礎研究を進展させる施策こそ必要なのです。

　具体的には、電力の送電線網の開放、土地利用規制の緩和、基礎研究への税制優遇などが考えられます。地域独占となっている現在の電力供給体制を解体し、設備負担の大きい電力網を開放すれば、効率のよい生産性の高い新たな企業の参入が予想されます。かつての電電公社時代の使い勝手の悪い電話が、現在の携帯電話に変わったように、画期的な技術開発が進

第8章　政府と企業

展する可能性もあります。

　また、世界で3番目の地熱資源国の日本は、国立公園内での地熱発電所の建設を認めれば、その分野で大きな成長を遂げる可能性があります。都心部での土地利用規制を緩和すれば、相対的に土地が安くなり、新たな投資に結び付く可能性もあります。

　また、基礎研究能力を強化するために、日本の得意とする再生医療などの先端医療技術を伸ばすことも考えられます。特別高度な医療設備や治験施設を政府の予算により建築し、その拠点を日本につくるのです。世界中から研究者が集まるような自由に研究ができる施設を整え、研究費を用意すれば、最先端分野で必ず将来が開けてきます。

　規制緩和には新たな財源は不要です。新たなものをつくることは、古いものを捨てること。既存の利権の上に居座り、改革を遅らせてはいけないのです。つまり、政府の産業政策予算は、時代遅れになった産業を延命するのではなく、新たな産業をつくる部分に配分しなければならないのです。

8-5-2　安定化政策

　安定化政策とは、日本経済がその力を発揮できるように、景気を安定させて成長する土台をつくることです。市場経済は、その構造上どうしても景気変動の波があり、好景気と不況が不定期に繰り返しています。その波を政府の産業政策によって安定化させることが大切になります。そのためには財政政策と金融政策によって、実際のGDP（国内総生産）を安定したプラス成長に維持することが必要です。

　財政政策では、財政支出と税制の操作により、財政支出以上の乗数効果が期待できる政策を行います。金融政策は、思い切ってインフレ目標を定めるなど、従来行われなかった政策が必要になります。実質的なゼロ金利政策は10年以上に及びますが、インフレの気配は全くありません。日銀は2001年から2006年にかけて通貨供給の量的緩和を行いましたが、物価上昇は起きませんでした。腰を据えた継続性のある施策でないと、金

利がゼロに限りなく近い状態なので、金融政策の効果が出にくい状況です。

　2009年から実施したエコカー減税や、家電・住宅のエコポイントなどの補助金政策は根本的な改善策ではなく、単なる需要の先食いです。補助金なしで自立できる産業をつくることが政府のやるべきことで、このような政策は一時しのぎにすぎないことを肝に銘じるべきです。

　2022年のロシアによるウクライナ侵攻で、世界的な物価上昇が起きました。小麦価格、ガソリン価格の安定化など、政府は価格安定策をとりました。また、長期的な、電力供給を安定化させるために原子力発電を復活させる方針を打ち出しました。

8-5-3　所得再分配政策

　人生は、一所懸命頑張ったからといって必ずしも成功するわけではなく、運に左右されることも多々あります。さらに、事故や天災による突然の被害に見舞われることもあります。そこで、その失敗したときの苦痛を少しでも和らげ、最低限の生活保障をすることが必要になります。

　国民の幸福度を高めるためには所得の再分配制度が必要です。失敗しても再チャレンジできる制度が必要なのです。具体的には、社会保障制度がこれにあたり、年金や生活保護といった形で実施されています。

　しかし、日本の所得の再分配は効率よく運営されておらず、再分配前後での所得が改善されていないという結果が出ています。この部分は低所得者の生活に直結する問題なので、早期に解決する必要があります。

　消費税の増税は、低所得者に対しては相対的にその負担は重くなる逆進性があるので、他の先進国のような低所得者向けの施策が必要になります。本格的に改善策を実施するには、所得を正確に把握するところからの制度改革が必要になります。

第 **9** 章

社会と企業

9-1 企業の社会的責任（CSR）

9-1-1 企業の社会的責任とは

（1）企業は多くの利害関係者で支えられている

　これまで、企業の活動目的は利潤の極大化であると考えられてきましたが、社会が成熟してきた現在では異なる考え方が広がりつつあります。企業は、企業の所有者である株主に配当として利益を分配するだけではなく、従業員に給料を支払い、その生活を支え、消費者には生活に必要な商品・サービスを提供します。また、取引先とは日常の売買取引で相互に支え合い、金融機関からは資金の提供を受けます。地域社会とは物流、環境などで密接な関係があり、政府とは産業政策、景気対策や納税で大きく関係しています。企業は、これらのステークホルダー（利害関係者）と友好関係を築きながら成り立っているのです。つまり、企業は、政治、教育、文化、社会、経済面で密接に利害関係者と関わっており、社会的責任を遂行しなければならないとする考え方が発展してきました。

　近年の企業が社会に与えた問題を、いくつか見ていきたいと思います。まず、直接的な公害、廃棄物や放射能汚染などの環境問題、消費者に害を与える欠陥商品や食品汚染の製造物責任問題、談合や天下りによる行政との癒着問題、バブル経済期の金融機関の浮き足立った行動など。これらは大きな社会問題となり、社会的批判を浴びました。問題を起こした企業のみですべては完結せずに、大きく社会に影響を与えているのが実態です。企業には社会的責任があることがはっきりとわかります。

（2）企業活動に求められる「社会性」とは

　企業の社会的責任（CSR：Corporate Social Responsibility）とは、企業の活動内容全体において、良い環境を維持しながら社会と共存することです。つまり、企業活動そのものに社会性を浸透させて、社会の期待に

こたえることをいいます。

　この場合の社会性とは、一般的な倫理・道徳的規範のみを指すのではありません。もっと広い意味での企業に対する具体的要請のことです。企業が大規模化し、多数の利害関係者と相互作用の関係に立ち、強大な影響力を持つようになった結果、権力と責任の均衡という基本的な考え方から、社会的責任を持った行動をとる必要が出てきたのです。

（3）社会的責任の具体的内容

　企業の社会的責任は慈善事業を意味するのではありません。企業の本来的活動である生産活動の全般に関わるもので、具体的には以下の活動が該当します。

- 消費者に対して……欠陥がなく安全な商品を提供し、アフターサービスを徹底する
- 従業員に対して……雇用を保障し、人間性を尊重した環境で働ける職場を構築する
- 出資者に対して……安定配当を継続し、企業価値を高める経営をする
- 取引企業に対して……継続した安定取引や契約を遵守する
- 地域社会に対して……環境を保全し、地域のコミュニティづくりに協力する
- 行政機関に対して……法令の遵守や納税義務を守る

　社会的責任の具体的内容は、時代や地域により変化します。時代の流れとともに社会的責任の内容が拡大してきています。インターネットなどのIT技術の発展で、企業活動の場がグローバル化し、消費者のニーズも多様化しています。環境問題は、地球温暖化に示されるように、その影響範囲が拡大しています。

9-1-2　企業の社会的責任に対する考え方

　企業の社会的責任に対する考え方も変化を見せています。かつて、「企

業の社会的責任の遂行は企業の本来業務ではないので、出資者への背任行為だ」という意見がありました。しかし、現在では一企業が引き起こす事件が経済を揺るがす問題に拡大するケースもあり、この意見は少数派になっています。

それよりもむしろ、「企業による社会的責任の遂行状況を関係者に開示する必要がある」とまで考えられるようになりつつあります。これを情報開示（ディスクロージャー）といいます。企業は情報を積極的に開示することによって、関係者の理解と支持を取り付けることが可能になります。

近年、開示情報の中に、企業による社会的責任の遂行状況を含める努力がなされるようになりました。一方、少数意見として、「企業の社会的責任については市場経済メカニズムと法令に従えば十分」との考え方もあります。

9-1-3 社会的責任問題

(1) エンロン／ワールドコム事件

一企業が起こした会計不祥事。社会的に大きな問題となった事例としては、米国のエンロン事件（2001年）やワールドコム事件（2002年）があります。これらの企業は粉飾決算を繰り返し、膨大な数の投資家に被害をもたらしました。

この2つの事件は大企業のエリート社員が起こしたもので、企業統治（コーポレート・ガバナンス）のあり方を問う問題に発展しました。米国では、この内部統制を高めるために、厳しく内部統制を行い監視するシステムの構築を義務付ける法律（SOX法）の制定にまで至りました。

(2) リーマン・ショック

2008年に起きたいわゆるリーマン・ショック（Lehman Shock）では、全世界を一気に不況に陥れました。**リーマン・ショック**とは、2008年9月に米国の投資銀行であるリーマン・ブラザーズが破綻した事件で、

これが世界的金融危機（世界同時不況）の引き金となったことに照らしてこう呼ばれます。

　リーマン・ブラザーズが破綻に至った原因は2007年のサブプライム・ローン問題にあります。サブプライム・ローン問題とは、米国の金融機関が行っていたサブプライム金利（高めの金利）で融資される低所得者向けの住宅ローンが、景気の低迷で多数焦げ付いたという問題のことです。

　この問題に端を発した米国住宅バブル崩壊を機に、多分野の資産価格の暴落が起こりました。これによりリーマン・ブラザーズは多大な損失を抱え、2008年9月に連邦破産法第11章の適用（チャプター・イレブン）を連邦裁判所に申請しました。

　表面上は米国の一金融機関が倒産しただけのことですが、この申請によりリーマン・ブラザーズが発行している社債や投信といった商品を保有している企業への影響が懸念されました。これらの企業への波及とその連鎖などの恐れから米国経済に対する不安が広がり、それらがさらに世界的な金融危機へと発展しました。日本でも株価が大暴落を起こし、わずか1か月半の間に1万2,000円台だった日経平均株価が6,000円台の安値をつけたのです。外国政府もこの商品を購入しており、各国の財政にも大きな影響を与えました。

　現在は、インターネットの普及により情報が瞬時に伝わります。これらの事例は、1つの企業が起こした事件が世界経済にまで影響してしまうことを証明しました。企業の社会的責任は非常に大きいことが理解できると思います。

　厳密には、リーマン・ショックのケースでは、それらの商品を安全とした格付け会社、商品を2次販売した金融機関、金融商品のリスクを判別できない投資家の能力にも問題がありますが、企業の経営者が金融の専門家を使い、複雑な金融商品を安全と見せかけた経営手法そのものに最も重大な責任があるといえます。

9-2 公共財と私的財

　財というものを経済学で考えると、2つのものがあります。それは公共財と私的財です。ここでは、それぞれの違いについて見ていきましょう。

9-2-1 公共財と準公共財

(1) 公共財とは

　公共財とは、道路や法律のように、すべての人々に共同で消費または利用される財のことです。公共財は税金などで負担しているため、利用にあたって対価を支払わないことが多いのです。一方、公共財に対立するものは、私的財または市場財といいます。私的財は、個人が対価を払って購入し、自由に使用・消費することができます。

　公共財は次の2つの性質を持っています。

①非排除性

　特定の人だけではなく、誰でも使える性質をいいます。公共財を1人の消費者だけに提供することは、現実的ではありません。公共財の例は、警察、消防、軍隊、街灯の明かりや公衆衛生などです。また、排除費用が極めて高い公共財の例としては道路、公園などがあります。

②非競合性

　ある人が利用することで、他人の利用を減少させることがないという性質です。例えば、1人の人が行政サービスや法律を利用したからといって、その他の人が行政サービスを利用できなくなることがないといったことです。このように、1人の人がいくら公共財を利用しても、その他の人が利用できなくなることがない性質をいいます。

(2) 準公共財

　厳密には純粋な公共財ではありませんが、非排除性（誰でも使える）あるいは非競合性（減らない）のいずれかの性質を持つ広義の公共財のこと

を準公共財といいます。準公共財は、クラブ財とコモンプール財とに分けられます。

　クラブ財とは、非競合的（利用者が限られる）かつ排除的（誰でも使える）な財のことです。例えば、テレビの CS 放送のようなサービスは、放送施設や番組制作などには費用がかかります。しかし、限られた 100 人の消費者だけに供給する場合も、受信機を持つ全員の消費者に供給する場合も、費用はあまり増加しません。そこで CS 放送はスクランブルをかけて、料金を払わない人を排除しています。これは排除性は高いが、競合性が低い例です。NHK の放送は受信料を払わなくても見ることができるので、フリーライダーが存在します。

　コモンプール財とは、非排除的（誰でも使える）かつ競合的（減少する）な財のことです。例えば、一般道路や橋などは利用者全員に課金するための徴収コストのほうが高く、通常課金ができません（限られた区間のみの有料道路などの例外はあります）。つまり、排除可能性が低いのです。交通量が少なければ、利用者は問題なく利益を受けられますが、利用者が増加すると混雑し、補修・維持費用が高くなります。つまり、競合性は高いのです。

（3）公共財と準公共財の問題

　純粋な公共財は、一般行政サービス、国防、警察、司法制度などです。この公共財の性質を多少緩めると、公立病院、図書館、公園などが該当しますが、このような財・サービスを準公共財といいます。公共財という考え方も国により、時代により異なり、例えば日本では消防車や救急車は公共財ですが、米国では私的財です。その他、準公共財では民間企業が参入し代行しているケースも数多くあります。

　公共財や準公共財は、市場環境によって最適な状態を実現することが難しいことがあります。非競合性からフリーライダー（費用を負担しない人）が出現するからです。例えば、市民で自転車置き場を駅前に設置するかどうかを議論し、設置に賛成した人はその工事費用を負担しなければならな

いと決めたとします。行政の支援（税金が原資）はある程度望めますが、普段自転車に乗らない市民は「必要ないから工事費用は負担しません」と言います。しかし、実際に自転車置き場が完成すると、公共財の非排除性から、市民なら誰でも自転車置き場を利用することができ、実際に「必要がない」と費用を負担しなかった市民も利用します。このように虚偽の申告をして公共財の利益を得ることができる問題を**フリーライダー問題**といいます。

9-2-2 私的財

　国防、警察などの純粋公共財の提供にあたっては、対価を支払わない者も利用できます。国防や警察は誰でも利用できることが重要なサービスだからです。しかし米国では、消防車や救急車が私的財になっています。一部の地域社会の中で、消防設備への運営費用の分担を各消費者が負担しておかないと火事が起きても消火してもらえません。また、救急車を呼ぶには相当な費用がかかることも意識しなければなりません。

　しかし目前の火事を、代金を払わないことを理由に放置してよいのでしょうか。非常に難しい問題です。公園や市民プールなどのように、準公共財であっても民間で供給が可能なものも数多くあります。民間に任せた場合に供給が過少となるので、BSのスクランブル放送のように排除性を高めたり、一定の費用負担をシステムに加えたりといった、私的財に近づける工夫が必要になります。

　私的財であっても、ある種の公共性を有するものをメリット財といいます。医療、介護、義務教育などがメリット財とされています。これらのサービスは、あらゆる人がこれを享受する権利を持っています。生きる権利、教育を受ける権利です。しかし、病院や教育のサービスに、非競合性・非排除性の問題が発生しないのであれば、これらの財は民間によって適切に供給されます。

9-2-3 政府の失敗

（1）政府の失敗の理由

　市場の失敗と同様に、公共財を提供する政府にも、失敗が存在します。政府の失敗の理由は、市場原理が働かないことにあります。失敗の理由を詳しく見ていくと、以下の3つがあります。

①政府は、市場ニーズを把握し、対応すべき基本的なメカニズムを持ちません。民間の場合は、市場ニーズに合わない商品・サービスは、消費者に受け入れられないと存続することができません。一方、政府が市場ニーズに合わない商品・サービスを提供しても、代替する財・サービスがなければ、質が劣っていても消費者は受け入れざるを得ないのです。

②公共財の供給には、私的財のような供給調整機能がありません。ちょうどよいということは難しく、過大あるいは過少となる傾向にあります。

③多数決原理により公共財の提供水準が決められるので、平均値になります。しかし平均値では、それ以下の層は供給が不足していると感じます。

（2）政府の失敗をただすには

　政府の失敗をただすには、公共財を私的財と組み合わせることで、効率性を確保する仕組みを導入する必要があります。民間が公的サービスを提供することは非常に効率を上げることになりますが、費用負担や特定の者に財・サービスが集中しないようなシステムの構築が必要になります。

　準公共財（医療、福祉、環境、教育など）については、誰でも使えるという非競合性と、いくらでも使えるという非排他性の要件を緩めることが重要になります。悪用されないシステムを導入するなど現実的な対応をすれば、私的財に近い効率的な運用ができるようになります。

　例えば、医療問題は、高齢化が進展する日本では重要な問題で、効率的な改革をしなければなりません。医療機関では、情報の秘匿性や専門性により、患者と医師との間で情報を共有することは容易ではありません。医療機関が不要な治療や投薬を施しても、患者は気がつかないような状況で

す。しかし、過剰な治療や投薬は準公共財の過剰供給になります。そこで、すべての医療データを集約し、オンライン化すれば、異常値を出している医療機関を瞬時に見分けることができます。

また、民間に準公共財の運営を委託すると、どうしてもその利益部分がコストとして上乗せされます。そのため非営利組織（NPO）や非政府組織（NGO）がその役割を担う場合があります。企業のできることと、NPO、NGO、ボランティアができることを分別し、効率的な組織をつくることで、政府の失敗を防ぐことが可能になります。市場経済を導入し、公共財に私的財を組み合わせるシステムを構築することで、企業の役割分担を明確にしなければならないのです。

9-3 企業の新たな社会的責任

9-3-1　地球環境問題

これまで、地球環境は簡単には変わらないと思われてきました。しかし、科学者の研究や近年体感できるようになった異常気象によって、人の活動（企業の活動）が地球環境に大きな影響を与えていることがだんだんわかってきました。

地球環境問題は、地球温暖化、酸性雨、海洋汚染、オゾン層の破壊、野生生物の減少、森林破壊、砂漠化などの、世界の環境変化で知ることができます。これらの環境変化は、産業革命以降の急激な工業化の進展に伴ってエネルギーの消費量が増えたことが大きな原因と考えられています。つまり、地球の長い歴史から見ると、ほんの少しの時間で起きているのです。

地球環境問題の原因は1つではないため、はっきり特定することができません。加えて、既に経済発展を終え、公害に対する技術を持つ先進国と、これから工業化を試みる発展途上国の間では意見が合いません。企業の個別の利益追求や自国の経済成長を地球環境よりも優先することが多く、国

際会議の場では意見集約ができないため、対策がとられないまま放置されているのが現状です。

例えば、今大きく取り上げられているのが地球温暖化問題です。地球温暖化とは、地球の気温が少しずつ上昇していくことで、その主な原因は、温室効果ガスと呼ばれる二酸化炭素だといわれています。地球は太陽から届いた熱によって暖められ、夜になると蓄えられた熱を宇宙に放出して気温が下がります。この際、地球の気温が下がりすぎないように、熱を程よく吸収して地表にとどめているのが温室効果ガスです。このガスの働きによって地球の平均気温は15度前後に保たれています。しかし、この温室効果ガスの量が増加すると、その保温バランスが崩れて地球の気温が上昇してしまうのです。近年、工業化に伴う化石燃料の急激な使用により、温室効果ガスは必要以上に増加しています。

地球環境対策で先行しているのは欧州諸国です。国際的な会議で、欧州諸国は協調体制をとり、二酸化炭素の排出基準作成に反対する姿勢を見せる中国や米国と対峙しています。また、自らの国内においても温室効果ガスの削減に向けて炭素税などの環境税を導入し、既に企業も環境問題に積極的に対応すべく、環境にやさしい電気自動車の開発に取り組んでいます。これらの国々では、環境問題に対する企業の取り組みに対して、その行動を評価・公表することで消費者のチェック機能が働くようにしており、さらに環境ビジネスという新しい産業も創出されています。

9-3-2　SDGs

持続可能な開発目標（SDGs：Sustainable Development Goals）とは、2015年9月の国連サミットで加盟国の全会一致で採択された、2030年までに持続可能でよりよい世界を目指す国際目標のことです。17のゴール、169のターゲット、232の指標から構成され、地球上の「誰一人取り残さない（leave no one behind）」ことを誓っています。

SDGsは発展途上国のみならず、先進国自身が取り組む普遍的なもの

であり、日本としても積極的に取り組んでいくことになります。

　世界中の様々な国で、環境問題（気候変動）・貧困・紛争・人権問題・感染症など、数多くの問題に直面しています。継続して安定した生活を続けていくために、全世界で一丸となって解決していこうというものです。

　「17のゴール」目標とは図表22のとおりです。

図表22　SDGs17のゴール

目標1 （貧困）	あらゆる場所のあらゆる形態の貧困を終わらせる
目標2 （飢餓）	飢餓を終わらせ，食料安全保障および栄養改善を実現し，持続可能な農業を促進する
目標3 （保健）	あらゆる年齢のすべての人々の健康的な生活を確保し，福祉を促進する
目標4 （教育）	すべての人に包摂的かつ公正な質の高い教育を確保し，生涯学習の機会を促進する
目標5 （ジェンダー）	ジェンダー平等を達成し，すべての女性および女児のエンパワーメントを行う
目標6 （水・衛生）	すべての人々の水と衛生の利用可能性と持続可能な管理を確保する
目標7 （エネルギー）	すべての人々の，安価かつ信頼できる持続可能な近代的エネルギーへのアクセスを確保する
目標8 （経済成長と雇用）	包摂的かつ持続可能な経済成長およびすべての人々の完全かつ生産的な雇用と働きがいのある人間らしい雇用(ディーセント・ワーク)を促進する
目標9 （インフラ,産業化,イノベーション）	強靱（レジリエント）なインフラ構築，包摂的かつ持続可能な産業化の促進およびイノベーションの推進を図る
目標10 （不平等）	各国内及び各国間の不平等を是正する
目標11 （持続可能な都市）	包摂的で安全かつ強靱(レジリエント)で持続可能な都市および人間居住を実現する
目標12 （持続可能な生産と消費）	持続可能な生産消費形態を確保する

目標13 (気候変動)	気候変動およびその影響を軽減するための緊急対策を講じる
目標14 (海洋資源)	持続可能な開発のために海洋・海洋資源を保全し，持続可能な形で利用する
目標15 (陸上資源)	陸域生態系の保護，回復，持続可能な利用の推進，持続可能な森林の経営，砂漠化への対処，ならびに土地の劣化の阻止・回復及び生物多様性の損失を阻止する
目標16 (平和)	持続可能な開発のための平和で包摂的な社会を促進し，すべての人々に司法へのアクセスを提供し，あらゆるレベルにおいて効果的で説明責任のある包摂的な制度を構築する
目標17 (実施手段)	持続可能な開発のための実施手段を強化し，グローバル・パートナーシップを活性化する

このSDGsのゴールの特徴は、大きく見ると次の5つになります。
　①先進国を含め，全ての国が行動すること
　②人間の安全保障の理念を反映し，「誰一人取り残さない」こと
　③すべてのステークホルダー（利害関係者）が役割を果たすこと
　④社会・経済・環境に，統合的に取り組むこと
　⑤定期的にフォローアップすること

(1) 政府によるSDGsの取り組み

　日本政府は、SDGsの実施体制として、内閣総理大臣を本部長とし全閣僚を構成員とする「SDGs推進本部」を、2016年5月に設置しました。政府は、中長期戦略である「SDGs実施指針」を策定し、2019年12月にはじめて同方針の改定を行っています。これには、推進体制における日本政府および各ステークホルダーの役割と連携の必要性について明記されています。政府の具体的な取り組みを加速させるため、全省庁による具体的な施策を盛り込んだ「SDGsアクションプラン」を毎年策定し、国内における実施と国際協力の両面でSDGsを推進しています。

　また政府は、「ジャパンSDGsアワード（賞）」を2017年に発足し、SDGs達成に資する優れた取り組みを行っている企業・団体などを表彰してきています。これはSDGs推進にあたり、取り組みを「見える化」し、

より多くの行動を促進する観点から行われています。企業に、SDGsに積極的に参加することを促し、活動を促進するためです。また、2018年から「SDGs未来都市」を選定しています。これは優れたSDGsの取り組みを提案する都市・地域を選定するものです。特に先導的な取り組みを行っている企業・団体を「自治体SDGsモデル事業」として選定し、資金面での支援を行っています。

　日本経済の流れで考えると、このSDGsへの参加と実現に取り組むことは非常に良いことです。問題は、今後は外圧ではなく、日本が発信元になって世界経済に参画していくことが必要だということです。

(2) カーボンニュートラル

　カーボンニュートラルとは、温室効果ガスの排出量と吸収量を均衡させることです。政府は、2050年までに温室効果ガスの排出を全体としてゼロにすると宣言しました。カーボンニュートラルの具体的な行為は、二酸化炭素をはじめとする温室効果ガスの人為的な「排出量」（消費者や企業が消費するエネルギーの種類による算出）から、植林や森林管理などの温室効果ガスを減少させる行為による「吸収量」を差し引いて、合計を実質的にゼロにするというものです。カーボンニュートラルの達成のためには、温室効果ガスの排出量の削減、吸収作用の保全（開発を止め森林を維持）および強化（植林、利用エネルギーの転換）をする必要があります。

　地球規模の課題である気候変動問題の解決に向けて2015年にパリ協定が採択され、世界共通の長期目標として、世界的な平均気温上昇を工業化以前（1850～1900年）と比べ、2℃下げることを目標としました。世界の平均気温は、2020年時点で既に約1.1℃上昇したことが示されていますので、このままの状況が続けば更なる気温上昇が予測されています。その対策として今世紀後半に、温室効果ガスの人為的な発生源による排出量と、吸収源による除去量との間の均衡を達成することなどが合意されたのです。

図表23　日本の年平均気温偏差

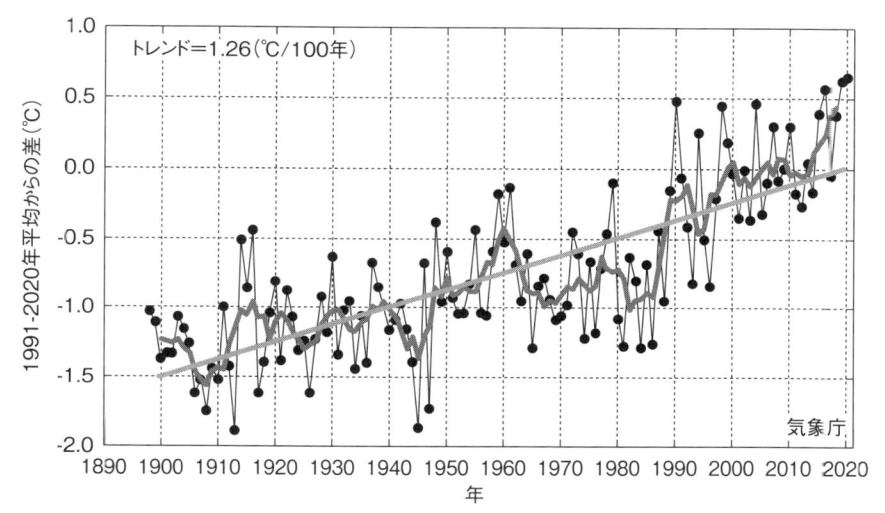

出典：環境省HPより

　近年、国内外で様々な気象災害が発生しています。個々の気象災害と気候変動問題との関係を科学的に明らかにするのは難しいことです。しかし、気候変動に伴う、豪雨、猛暑、季節外れの台風等の気象の変化に皆さんも気が付いていると思います。環境省は、こうした状況はもはや単なる「気候変動」ではなく、私たち人類やすべての生き物にとっての生存基盤を揺るがす「気候危機」であると警告しています。

　気候変動の原因となっている温室効果ガスは、経済活動・日常生活に伴い排出されています。国民一人ひとりの衣食住や移動といったライフスタイルに起因する温室効果ガスが、我が国全体の排出量の約6割を占めると分析されています。カーボンニュートラルの実現に向けて、企業や消費者が積極的に取り組む必要があります。

図表24　1850年から1900年を基準とした世界平均気温の変化

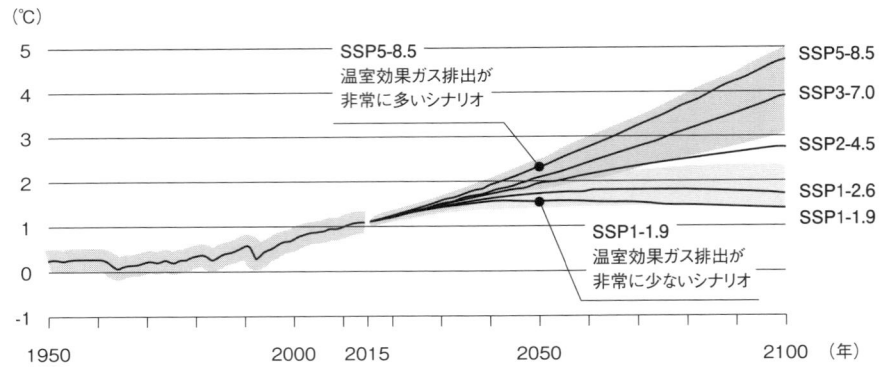

(℃)

SSP5-8.5
温室効果ガス排出が
非常に多いシナリオ

SSP5-8.5
SSP3-7.0
SSP2-4.5
SSP1-2.6
SSP1-1.9

SSP1-1.9
温室効果ガス排出が
非常に少ないシナリオ

1950　　2000　2015　　　2050　　　　　　2100　(年)

IPCC 第6次評価報告書 第1作業部会報告書｜気候変動2021：自然科学的根拠

出典：環境省HPより

　環境省は、カーボンニュートラル実現に向けて「脱炭素ドミノ」で重点対策を全国に伝搬させると宣言しています。そして、2050年カーボンニュートラルの実現のための具体策を次のように明示しました。
- 革新的な技術の開発を進めること
- それを早期に社会へ実装すること
- 現状の技術を最大限に活用すること
- すぐに取り組みを始めること　　など

　環境省では2021年6月『地域脱炭素ロードマップ ～地方からはじまる、次の時代への移行戦略～』を決定しました。これから5年間の集中期間に政策を総動員し、2030年度までに少なくとも100か所の「脱炭素先行地域」を創出し、重点対策を全国津々浦々で実施することで「脱炭素ドミノ」により全国に伝搬させていくこととしています。

　「少なくとも100か所の脱炭素先行地域」の取り組み内容は、次のとおりです。

1. 再エネポテンシャルの最大活用による追加導入

2. 住宅・建築物の省エネ導入および蓄電池等として活用可能なEV/PHEV/FCVの活用
3. 再生可能エネルギー熱や未利用熱、カーボンニュートラル燃料の利用
4. 地域特性に応じたデジタル技術も活用した脱炭素化の取り組み
5. 資源循環の高度化（循環経済への移行）
6. CO_2排出実質ゼロの電気・熱・燃料の融通
7. 地域の自然資源等を生かした吸収源対策等

9-3-3 障がい者の雇用

　企業全体で障がい者の雇用を促進するために、国は企業に対して、雇用する労働者数の1.8%に相当する人数の障がい者を雇用することを義務付けています（障害者雇用促進法第43条）。これを満たさない企業からは障害者雇用納付金を徴収し、障がい者を多く雇用している企業には障害者雇用調整金や各種助成金を支給しています。

　障がいのある人も障がいのない人と同様、自分の能力や適性に応じて就労したいという希望を持っています。障がい者は健常者と全く同様に働くことはできませんが、自分で働き、自分で稼いだ給料で生きていくという実感が非常に励みになります。障害者雇用促進法は、社会が障がいのある人と共存していこうとする制度です。

　2009年の障がい者の実雇用率は1.63%となっており、法定雇用率を下回っています。また、法定雇用率を達成している企業の割合は45.5%で、半数以上の企業が法定雇用率を達成していない状況です。実雇用率が特に低いのは100〜299人規模の企業で、その実雇用率は1.35%となっています。

　企業における障がい者雇用を増やすため、障害者雇用促進法が改正されました。2010年7月からは、障がい者の短時間労働の雇用ニーズに対応するため、企業における雇用障がい者数の算定方法が変わり、短時間労

働の障がい者も雇用障がい者数としてカウントすることになりました。
　障がい者によっては、障がいの特性や程度、加齢に伴う体力の低下などにより、長時間労働が難しい場合もあります。また、短時間労働は、障がい者が福祉的就労から一般雇用へ移行していくための段階的な就労形態として有効です。このように障がい者の短時間労働に対する一定のニーズがあることを踏まえ、短時間労働にも障がい者雇用率が適用されることになったのです。

第10章

国際社会と企業

10-1 国際戦略の推移

　図表25、26を見るとわかるように、日本のGDP（国内総生産）は、2021年は541.4兆円となり世界第3位ですが、2015年からは0.7％程度しか伸びていません。世界のGDPトップ6か国の推移をグラフで見ると日本の低迷が目立ちます。

　今後の経済産業省の予想では、2030年に4位、2050年に7位と徐々に順位を下げていきます（図表27参照）。バブル崩壊以降、日本では経済成長率が低下しています。それに加えて、日本企業が海外での生産を積極的に行い、研究・販売の場を世界に求めていることも低迷要因です。言い換えれば、日本企業は、その活動の場を日本国内から世界に求め、積極的に世界進出し、結果的に日本国内での生産が減少しているのです。

　日本は、EU諸国と比較すると、経済成長の著しい中国や東南アジア諸国に近く、物流・情報面では有利な立場にいます。日本企業は、アジア地域での重要な役割を持ち、アジア各国に進出しています。日本のGDPが減少しても日本企業が成長を継続するには、この地理的な優位性をより生かすような国際戦略が重要になります。

　環太平洋パートナーシップ（TPP）協定は、2018年12月30日にメキシコ・日本・シンガポール・ニュージーランド・カナダ・オーストラリアの6カ国間で発効し、ベトナムにおいても2019年1月14日に発効しました。大企業ばかりではなく、中堅・中小企業を含めた日本企業が、TPPの活用で海外の市場開拓を進めることで、経済再生と推進を実現することを期待したいものです。

　しかし、日本企業は、世界標準を示すことを苦手としています。また、GAFAMのような世界的な「プラットフォーム」をつくることができていません。国際財務会計基準（IFRS）への参加も遅れました。TPPを活用し、次の国際戦略を構築すべきです。

　TPPの構想は、参加国間での物品およびサービスの貿易、投資の自由

第10章 国際社会と企業

図表25 世界の名目GDP上位6か国の推移（2020年）

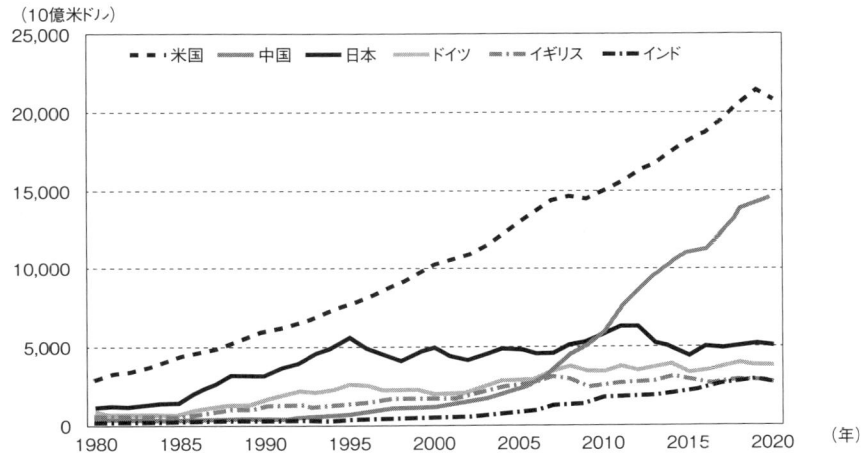

(10億米ドル)

凡例：米国／中国／日本／ドイツ／イギリス／インド

(出所) IMF "World Economic Outlook Database, April 2021"（2021年4月12日閲覧）よりニッセイ基礎研究所作成

図表26 日本GDP推移（2021年）

(単位：兆円)

日本のGDP推移					
年	GDP名目	GDP実質	GDPデフレーター	名目GDP成長率	実質GDP成長率
2015年	538	538.1	100	3.7	1.6
2016年	544.4	542.1	100.4	1.2	0.8
2017年	553.1	551.2	100.3	1.6	1.7
2018年	556.6	554.8	100.3	0.6	0.6
2019年	558.2	552.8	101	0.3	-0.4
2020年	537.2	527.3	101.9	-3.7	-4.6
2021年	541.4	536	101	0.8	1.7

図表 27　世界のGDPランキング予想

(単位：10億米ドル)

		世界のGDPランキング予測		
		2030年		2050年
1	中国	36,117	中国	61,079
2	米国	25,451	インド	42,205
3	インド	17,138	米国	41,384
4	日本	6,006	インドネシア	12,210
5	インドネシア	5,486	ブラジル	9,164
6	ブラジル	4,996	メキシコ	8,014
7	ロシア	4,854	日本	7,914
8	ドイツ	4,590	ロシア	7,575
9	フランス	3,985	ナイジェリア	7,345
10	英国	3,586	ドイツ	6,338

経済産業省資料から作成

化および円滑化を進めるとともに、幅広い分野で新たなルールを構築するものです。TPPは日本が主導的な立場にあり、国際ルールを構築することができます。TPPにおける経済産業省の目標は、海外の成長市場の取り込みで、実質GDPを約1.5％上昇させる（約8兆円に相当）こと。さらに労働供給も約0.7％（約46万人）増やすこととなっています。世界で保護主義的傾向が強まる中、自由で公正な21世紀型のルールをつくっていく上で重要な一歩であり、米国（2017年：トランプ政権時に離脱）や他のアジア太平洋諸国・地域に対しても積極的なメッセージになります。経済産業省の想定している21世紀型ルールとは、次のとおりです。TPPによりこれらが実現されます。

- 投資：投資先の国が投資企業に対し、技術移転等を要求することの禁止
- 貿易円滑化：急送貨物の迅速な税関手続（6時間以内の引取）を明記
- 電子商取引：国境を越える情報の自由な流通の確保、デジタル・コンテンツへの関税賦課禁止、およびソースコード（ソフトウェアの設計図）

移転・アクセス要求の禁止、サーバー現地化要求の禁止
- 国有企業：非商業的援助により他の締約国の利益に悪影響を及ぼすことの禁止
- 知的財産：模倣・偽造品等に対する厳格な規律

10-2 生産拠点の海外移転

　戦後から1970年代はじめまでの日本経済は、原材料を海外から輸入し、国内に生産拠点を設け、付加価値の高い製品を生産して輸出することで成り立っていました。しかし、1970年代に入ると日本の国際競争力が強くなり、貿易黒字額が大きくなったために欧米諸国との間で貿易摩擦が深刻化し、生産拠点の海外移転が始まりました。

　貿易摩擦とは、特定国に対する輸出・輸入の極端な偏りから起きる貿易問題のことです。貿易相手国との経常収支の不均衡が国内経済に悪影響を及ぼします。輸入国はその輸入物の価格が下がり、国内産の製品が売れなくなります。一方、消費者は安価な輸入品で生活が豊かになります。このようによい面と悪い面があるのですが、経常収支のバランスが長期的に崩れると、国全体の負債が増加し国民生活に大きな影響を与えるため、両国間に摩擦が生じるのです。

　特に、1985年のプラザ合意以降の円高で、日本企業の生産拠点の海外移転が本格化しました。プラザ合意とは、先進5か国の財務相・中央銀行総裁会議（G5：日・米・独・仏・英、86年以降G7：G5＋伊・加）において、当時のドル高を是正するため為替市場に協調介入する旨の声明を出したことをいいます。

　プラザ合意後、日本円は、米ドルに対して急激に円高になりました。この円高を受けて、企業は輸出が難しくなり、生産拠点を為替の影響を受けない海外に移しました。

　国際化で大切なことは、自国だけが成長するのではなく、相手国も安定

した成長を維持するために協調することが必要なのです。輸出入が大きく偏ると、赤字が継続する国の経済が長期的には破綻します。そこで、消費地に生産拠点をつくることで輸入を減少させ、かつ雇用を生み、輸入国の経済を維持・発展させることが重要になります。

　また、近年では得意分野に特化することで、国際分業することが進んでいます。その例として、世界最大の食品会社であるスイスのネスレ社があります。同社の売上高は約10兆円ありますが、そのほとんどはスイス国外で計上しています。海外進出し、食品を販売する国で原料を調達し、その国で生産し、販売します。生産拠点があるのは進出国なので、雇用が発生し、生産技術やノウハウが移転するので、進出を受け入れた国にも大きなメリットがあります。スイスから輸出するわけではないので、貿易摩擦は起きません。その代わり、ネスレ社は、進出国の嗜好や所得水準に合った食品を開発する必要がありますが、そのことによりネスレ社は、継続的な売上と利益を上げることができます。

　しかし、こうした海外進出は、長期的に見れば技術やノウハウも移転してしまうので、その対策として、ネスレ社は新製品の開発や新しい生産技術の発明を行う必要があります。またネスレ社は、効率的に全世界に進出する方法としてM&Aを活用しています。そのノウハウも見習うべきところです。

10-3　国際化の動機

　企業がその活動を国際化させる動機には様々なものがあります。代表的なものを以下にあげましたが、時代の流れとともに、動機の優先順位や取り扱いにも変化が見られます。

①**資源と原材料の確保**

　日本には、地下資源がほとんどありません。石油・石炭・ウランなどのエネルギー源がないのです。また、鉄鉱石も採れませんし、レアメタルも

ありません。経済を成長させるには、安定的にエネルギーを調達する必要があります。排他的経済水域(海の底)には資源が隠れているかもしれませんが、採掘して利用するには莫大なコストがかかります。

②市場の確保と成長・拡大の維持

日本国内だけの市場では、企業の成長にも限界があります。新たな市場を確保するとともに新製品を開発し、雇用を増やし、販売網を広げて成長します。新たなGAFAMのようなプラットフォームができれば、その仕組みで利益を上げられるようになります。

③相対的に安価な労働力、原材料の獲得と物流コストの低減

日本国内の人件費が高騰し、製品価格が上がると、競争力がなくなり販売が難しくなります。そこで企業は、海外に安い労働力を求めます。また、同時に海外で原材料の資材を調達し、そこで販売することによって物流コストを抑えることができます。

④研究開発・最新情報の取得と人脈の構築

ある分野の研究が特定の場所で行われることがあり、その情報や人材を求めて進出します。

⑤国際分業体制の構築

国際分業体制の構築は近年の大きな動機です。例えば、パソコンに代表されるように、部品の開発や生産には各国で得意分野があります。心臓部のCPUは米国、OSソフトも米国、その他マザーボードなどの主要部品は台湾、中国、韓国などの製造コストが安価な国から調達しています。

分業体制を構築するには、その地に進出することが必要になります。製造技術を伝授することで、現地の分業体制を構築している企業にもメリットがあります。最近では、米国Apple社の製品が国際分業体制のよい事例になります。

10-4 多国籍企業と発展段階

10-4-1 多国籍企業とは

　多国籍企業とは、複数の国に拠点を持っている企業のことです。国連のUNCTAD（United Nations Conference on Trade and Development：国際連合貿易開発会議）の定義では、「資産を複数国において統轄し、2か国以上に拠点を有する企業」となっています。日本の場合、特に規模の大きい製造業は、ほぼ多国籍企業となっています。

　多国籍企業は、企業を国際化して、労働力や原材料などコスト面で有利な国に工場を設置します。また、製品が高い価格で売れる国に販売拠点を置きます。国際戦略では、拠点を複数国に置くことが企業の利益を増やすことにつながります。経営については、各拠点に経営権を持たせる場合と本社がすべての意思決定をする場合があり、企業によって異なった体制をとっています。

　多国籍企業は、世界の経済活動の境界をなくします。特に、国際分業体制は世界経済の相互依存の強化を生み、技術の向上に寄与します。多国籍企業が製造業に多いのは、工場などへの大規模な設備投資が必要な他、グローバル市場に対応した商品を生産、製造、流通させるためです。一方、多国籍企業で問題となる点は、拠点が複数の国に及ぶため、為替投機で問題を起こす企業や税制面でトラブルになる企業も存在することです。

10-4-2 国際化のモデル

国際化のモデルについて、代表的なものを見ていきましょう。

（1）バーノン・モデル
　R.バーノンが提唱した、企業が海外進出する要因を、1960年代米国

企業の製品ライフサイクルに着眼したモデルです。

　企業は、まず国内企業として技術を中心にして成長し、次に新市場を求めて輸出企業になります。その後海外投資に向かい、その製品を扱う企業は労働力の安い海外の企業となり、多国籍企業の形態に至ります。

（2）ゴシャールの4類型
　S. ゴシャールと C.A. バートレットは、多国籍企業を次の4つに類型化しました。
①マルチナショナル企業
　はじめは各国の事業会社の独自性を残したまま運営します。現地適応が強く、本社のグループ運営は資金を動かすことのみです。1920年代に海外展開した欧州企業がモデルです。
②インターナショナル企業
　①の事業所に経営管理手法を持ち込み、地域特性に左右されない経営を始めます。しかし、一方で、現地経営幹部には現地人を採用し、現地に溶け込む努力もします。権限を本国に集中させなかったことが重要です。この類型は、1960年代に圧倒的な技術力、資金力、生産性を誇った米国企業がモデルです。
③グローバル企業
　グローバル化が始まります。本国技術者を現地に大量に派遣し、技術移転と経営コントロールを集権的に行い、運営します。これは、1980年代に国際ビジネスで台頭した日本企業の事例です。
④トランスナショナル企業
　これからの類型として提唱されているのは、コントロール性を維持しながらも現地適応を重視することです。この類型には、多国籍企業のモデルとされる GE や IBM などの国際化戦略が該当します。

（3）パールミュッターの EPRG
　H.V. パールミュッターが提唱した多国籍企業の国際戦略モデルとして、

E-P-R-G プロファイルがあります。EPRG は以下の４つの志向を表しています。

- E：本国志向（Ethnocentric）……経営の意思決定をすべて本国で行い、現地ではローカル人材は登用せず、本社がコントロールするタイプ。多くの日本企業のタイプ
- P：現地志向（Polycentric）……現地での意思決定に権限委譲するタイプ
- R：地域志向（Regiocentric）……アジア圏、北米圏といった地域単位での意思決定にシフトしたタイプ
- G：世界志向（Geocentric）……グローバルで経営資源を共有し、本国と外国の関連会社は全社的に統合された理想形を実現しているタイプ

多国籍企業の発展は現在でも進展中のため、どの体系がよいとは一概にいえませんが、本国と現地が全社的に統合された形が理想形と思われます。

10-5 アジアと日本企業

10-5-1 空洞化の進展

（1）空洞化が起こる理由

空洞化とは、国内の工場を海外に移転すること、つまり生産拠点の海外流出をいいます。こうしたことが起こる背景には、次にあげる６つの要因があります。

まず日本国内で生産すると、海外生産に比較して、**①高い賃金コスト**、**②高い法人税率**、**③厳しい環境規制**が待っています。さらに日本は、交渉中ではありますが、いまだに海外自由貿易協定を締結していないため、日本からの輸出品には相手国で**④関税**がかかります。これは自由貿易協定を

積極的に進めている韓国などと比べ、価格競争上不利になります。それに加えて東日本大震災と原発事故の影響で、もともと海外よりも⑤**割高な電力料金**がさらに上がり、電力供給自体にも不安が出ています。最後にあげられるのは、長期的に見て円高傾向のままにある⑥**為替の問題**です。

　こうした理由から、国内生産を諦めて海外に生産拠点を移転することが日本産業の空洞化を起こしているのです。

（２）加速する空洞化と経済への波及効果

　既に多くの企業が海外に工場を移転していますし、移転していなくても今後の海外展開を真剣に検討しています。人口が確実に減少する日本では今後市場が縮小するため、国内にとどまっていては将来の展望が描けないと考えているからです。経済が拡大成長しているアジアや中南米へ海外ビジネスを展開・拡大することは、経営上当然といえるのです。

　こうした空洞化の動きについては、多くが現実のものとなっています。既に自動車や電機などのメーカーが工場を海外に移転し、国内にあった雇用が失われています。今後さらに計画段階の会社が実施に移すと、その影響は甚大で、特に自動車や電機などの業種は経済全体への波及効果が大きいといえます。統計分析の産業連関表などの手法を使って、どれだけの波及効果があるのかを予測すると、地域経済や雇用への影響が深刻になることは避けられないという結果が出ます。

　しかし、この予測は空洞化の後に何も発生しなかった場合です。悲観論ばかりではなく、これらを企業活動の必然的な動きとして考え、空洞化の後に新たな産業が誕生すると考えることもできます。

10-5-2　空洞化とどう向き合うか

　それでは日本企業は、国内経済の空洞化とどう対峙していけばよいのかについて考えてみましょう。

（1）日本企業の国際化は不可欠
　空洞化と考えないで、日本企業の国際化と考えることが重要です。海外に出ていこうとする企業にとっては、将来性のあるアジア市場がすぐ隣になるので、この動きはむしろ歓迎すべきなのです。そこで日本国内のビジネス環境を魅力的にすることは、非常に大切です。
　ビジネス環境を変えるのは企業単体でできることではなく、政治が絡んできます。企業の経営者は自社の経営戦略に、前述した「空洞化の6つの要因」から解放されることを組み込むことはできません。法人税率の引き下げ、TPP（環太平洋経済連携協定）などの自由貿易協定の締結は、政府の経済成長戦略の中に盛り込まれてはいますが、現実の政策は不透明です。企業活動を経済の流れに乗る形で捉えるならば、企業の国際化を考えることは非常に重要で、特に成長の著しいアジア市場に向けた積極的な活動は必要です。
　日本経済は衰退すると考えるのではなく、日本の企業が積極的に海外への展開を図るのは、自らの競争力を高め、より高い利益を確保するためと考えるべきです。これまで海外展開に消極的であったために、日本企業は国際競争力を失ってきたのです。日本の企業が海外展開に積極的になれば、それは日本企業の競争力を高めることにつながり、日本全体にとってもよいことといえるでしょう。

（2）産業構造の転換
　空洞化については、既存の産業が海外に出ていった後、国内には何も新しい産業が出てこないという暗黙の想定があります。この想定を取り払って、自動車や電機などの産業が海外に出ていくのは日本の産業構造転換の一側面であり、国内には自動車や電機の産業が出ていった部分を埋める経済活動が出てくると考えるのです。
①日本は何度も産業構造の転換を実現してきた
　これまで日本経済は、大きな産業構造の転換を何度も実現してきました。1950年代の日本は、繊維産業などの軽工業が産業をリードしていまし

た。次いで、1960年代からの高度経済成長の主役は鉄鋼や石油化学などの重化学工業に代わりました。ところが1973年のオイルショックを境に、日本の産業の主役は重厚長大産業から自動車、電気、半導体などの軽薄短小産業へと大きく変化しました。そして自動車産業が日本の主力産業として地位を確立したのは1980年代以降です。以来、日本経済は自動車産業への依存度を高めていきました。

こうした流れを見ると、それぞれの時代において産業構造の変化を悲観的に見る向きもありましたが、その後、どの時代も確実に新たな産業を興すことで苦境を乗り越えてきたのです。

戦後の日本経済を支えてきた繊維産業などの軽工業の衰退要因は、日本の成長とともに人件費が高くなって国際競争力を失ったことです。そして、次の重化学工業の衰退要因は、いわゆるオイルショックによって日本成長の原動力の1つであった安い石油価格の時代が終わったことです。資源を海外に依存する重化学工業が厳しい状況に追い込まれました。

それに加えて、変動相場制への移行により円高が急激に進展し、日本経済は大変な時代に陥ったのです。円高は、すべての輸出品の価格を押し上げました。そこに産業構造の転換が起き、自動車、電機、コンピュータといった軽薄短小産業が勃興してきましたが、当時は高度成長の時代で悲観論は起きませんでした。なぜなら軽工業から重化学工業へ、またオイルショックを転機に重厚長大産業から軽薄短小産業へと日本の産業構造がシフトしたと前向きに考えたからです。そして、それらのシフトは、現実に日本の産業が生み出す付加価値をさらに高いものにしていきました。

しかし、今回の産業構造の転換について悲観論が強いのは、バブル経済崩壊以降の30年にわたる日本経済の低迷にあると思われます。このように経済的に厳しい状況が続けば、人々の見方も悲観的なものに傾くものです。しかし実際は、欧米諸国に比較して、相対的に日本経済が悪いわけではありません。統計データでは、人口減少をカバーして現状維持を示しています。

②日本に新たな産業を興す気構えが必要

今、日本で起きている変化を好ましい産業構造の変化と解釈することで、新たな産業を興さなければならないと考えることが重要です。つまり、自動車や電機など、これまで日本経済を支えてきた産業では、海外進出などによりグローバル展開を進めることで、国際競争力を強化していきます。日本国内では、少子高齢化で生産年齢人口が急速に減少しているので、それらの労働力を海外に求めることが必要となるのです。統計的な予想では、2020年の生産年齢人口は約7,400万人ですが、2050年には5,300万人に減少します。そして日本国内には、自動車や電機などの産業が海外に出て行った後を埋める新たな産業が出てくるはずなのです。この新しい産業を興さなければならないという気持ちを大切にすることが、明日につながります。日本が発信する新しいビジネスモデルの出現に期待したいものです。
③新しい産業とは
　それでは新しい産業とは何でしょうか。
　パソコンは瞬く間に世界に普及しましたが、ハードの製造は中国を中心に行われ、基本OSや頭脳のCPUは米国のマイクロソフトとインテルが独占しています。米国のGoogle社やセールスフォース社に代表されるクラウド・コンピューティングは、世界のIT関連情報の利用方法を一変させました。また、Appleは、独自商品の開発と独特なマーケティング手法で大きな利益を上げています。Meta（旧称Facebook）は、新たな情報の利用スタイルを提供することで、新たな市場を切り開きました。そして、Metaに名称変更することで、仮想現実空間（メタバース）の商売を現実にしようとしています。
　翻って日本を見ると、日本にも独自の先端技術がたくさんあります。それらの効用を考えることで、次が見えてきます。今後は、技術やノウハウの知的財産権がとても大事になってきます。また、1つの産業に集中するのではなく、小さな得意分野を積み重ねることで全体として大きな力を発揮できるスタイルが望まれます。つまり、自動車や電機だけに依存しないで、日本を支える主力産業の柱を増やしていくべきなのです。

第10章　国際社会と企業

　こうした見方に立てば、自動車産業が国内から海外にその活動を移すことは、むしろ日本経済の産業構造の転換に必要なことと理解できます。重要なことは、新たな革新的な他の産業が育つことなのです。

（3）メタバース

　メタバース（metaverse）とは、英語の超（meta）と宇宙（universe）を組み合わせた造語で、架空の仮想空間で行われるサービスに付けられた名称です。近年、IT技術、テクノロジーの進化によって、様々な仮想空間サービスが登場しています。具体的なサービスとしては次のようなものがあります。

- VR技術を活用した仮想現実内での店舗を開設
　　専用ゴーグルを通じて仮想空間の中にいるような視覚体験ができます。アバターを作成して、身振り、手ぶり、顔の表情などを自由に操作できます。仮想空間の中で、より自然なコミュニケーションを手軽に行え、物理的な制限のない空間を楽しむことができます。実際の会議に近いコミュニケーションを仮想空間で行えます。
- 仮想空間サービス内で経済活動を行い、それを現実の世界とリンクさせる
　　仮想空間内の一区画や構造物のデータを、仮想空間内で流通している通貨で売買し、それを現実の通貨に換金することができるようにします。従来よりも高度な経済活動が定着する可能性があるのです。NFT（コピーできないデジタルデータ）が活用されています。

　仮想空間サービス自体ではなく、取り巻く環境は変化しています。新型コロナウイルスの影響で、現実に近いイベントをバーチャルで開催する空間として、メタバースが期待されています。例えば、任天堂のゲーム「あつまれどうぶつの森」内で、様々な企業や公的機関とのコラボレーション活動が実現しています。これから発展の可能性があるのです。

（4）アジアの成長を取り込む

アジアの成長エネルギーを日本に取り込む必要があります。アジア経済の成長により、これまで日本の主力輸出産業ではなかった業種がアジア向けに大量の輸出をする可能性があります。

　実際に、化粧品、医薬品、日用家庭品、食料、外食、教育サービス、観光関連産業、小売業、アパレルなど、今やアジアを無視したビジネスは考えられなくなっています。従来、これらの産業は日本人のための日本国内のビジネスでしたが、現在はアジアが大きなターゲットになってきています。日本の内需産業の質は非常に高く、よいものでないと売れません。経済成長により所得が拡大したアジアの国々の人々は、こうした商品を評価し、自分たちで使い始めているのです。

　例えば、ライオンの洗剤はマレーシア市場でトップクラスのシェアです。資生堂の化粧品は中国の大都市で、どこに行っても売られています。イオンやセブン・アンド・アイの中国店は、日本以上の販売実績を上げています。その他、公文学習塾は海外に多くの店舗を構え、現地に入り込んでいます。スイスのネスレ社のようなグローバル展開をする日本企業が現れているのです。

　これまでにあげたような産業は、欧米のように距離が離れた地域で本格的に展開するのは難しいでしょう。かつて、欧米のスーパーが日本に進出して失敗し、撤退しています。アジアという距離の近さが、これらの産業の展開を後押ししているのです。今後、人々の移動がさらに増えれば、日本の消費財やサービスへの需要はさらに高まっていくことが期待されます。

10-5-3　引力の法則

　国際経済学に、貿易における引力モデルがあります。これは、「引力は距離が近いものほど、質量の大きいものほど引き合う力が大きい」という物理学の引力の法則の考え方を借用したもので、距離の近い国同士、規模の大きな国同士の貿易ほど大きくなるというものです。

この法則は、いろいろな貿易データにうまく当てはまります。この考え方を最初に提起したのは、オランダの経済学者 J. ティンバーゲンです。これからの日本の貿易や産業の姿を考えるとき、この引力の法則が重要な示唆を与えてくれます。

アジアの国々の成長は世界の中でも非常に高く、好調は今後も継続することが予想されます（図表 28 参照）。そして、この法則の引力が強く働いて日本からの輸出が拡大することが期待され、日本のアジア諸国からの輸入も大きく拡大することになります。つまり、双方向で貿易が拡大するのです。

EU 諸国は近隣に大きな国があるので、貿易量が大きくなっています。輸出と輸入を合わせた金額を、その国の経済規模である GDP で割った数値を貿易依存度といいますが、ドイツの貿易依存度は 70% を超えています。それに対して日本は 30% 前後です。この数値の差は、日本はまだ成長する余地があることを示しています。

日本は最近まで近隣に大きな国がなく、距離の遠い欧米に多くの製品を輸出してきました。しかし、そこには限界があるので、貿易依存度も小さかったのです。しかし、中国を含めたアジア各国が成長すると、様々な財やサービスに引力が働いて日本からの輸出が増えることが予想されます。

引力の法則を支えるのは消費財やサービスだけではありません。旧来の製造業でも技術水準の高いデバイスや資本財は、輸出産業として期待できる分野になります。例えば、村田製作所のコンデンサーやソニーのシーモスセンサーは、他の企業にはない高い技術が商品の価値を高め、スマートフォン向けの販売を伸ばしています。また、炭素繊維の分野で圧倒的な競争力を持っている日本企業は、航空機や自動車で炭素繊維が使われるようになれば、その需要が拡大し、成長が期待できます。

技術の変化は予想が難しいので、想像もしなかったような新しい分野の出現があるかもしれません。そうしたミクロでの考察とは別に、マクロレベルで引力モデルが成り立つのであれば、アジアの成長は日本の輸出・輸入の拡大をもたらします。

図表 28　世界の国内総生産（名目GDP、構成比）

国（地域）		2015年	2016年	2017年	2018年	2019年
世　界						
GDP（10億ドル）		74,985.7	76,173.8	81,056.9	86,115.3	87,445.1
構成比（%）		100.0	100.0	100.0	100.0	100.0
アジア	日本 G7	5.9	6.5	6.0	5.8	5.8
	アラブ首長国連邦	0.5	0.5	0.5	0.5	0.5
	イスラエル	0.4	0.4	0.4	0.4	0.5
	イラン	0.5	0.6	0.6	0.5	0.7
	インド	2.9	3.0	3.2	3.2	3.3
	インドネシア	1.1	1.2	1.3	1.2	1.3
	韓国	2.0	2.0	2.0	2.0	1.9
	サウジアラビア	0.9	0.8	0.8	0.9	0.9
	シンガポール	0.4	0.4	0.4	0.4	0.4
	タイ	0.5	0.5	0.6	0.6	0.6
	中国	14.8	14.7	15.2	16.1	16.4
	トルコ	1.2	1.1	1.1	0.9	0.9
	バングラデシュ	0.3	0.3	0.3	0.3	0.3
	フィリピン	0.4	0.4	0.4	0.4	0.4
	香港	0.4	0.4	0.4	0.4	0.4
	マレーシア	0.4	0.4	0.4	0.4	0.4
北アメリカ	アメリカ合衆国 G7	24.3	24.6	24.1	23.9	24.5
	カナダ G7	2.1	2.0	2.0	2.0	2.0
	メキシコ	1.6	1.4	1.4	1.4	1.4
南アメリカ	アルゼンチン	0.9	0.7	0.8	0.6	0.5
	ブラジル	2.4	2.4	2.5	2.2	2.1
ヨーロッパ	イギリス G7	3.9	3.5	3.3	3.3	3.2
	イタリア G7	2.4	2.5	2.4	2.4	2.3
	オランダ	1.0	1.0	1.0	1.1	1.0
	スペイン	1.6	1.6	1.6	1.7	1.6

	ドイツ G7	4.5	4.6	4.5	4.6	4.4
	フランス G7	3.3	3.2	3.2	3.2	3.1
	ポーランド	0.6	0.6	0.6	0.7	0.7
	ロシア	1.8	1.7	1.9	1.9	1.9
アフリカ	エジプト	0.4	0.4	0.2	0.3	0.4
	ナイジェリア	0.7	0.5	0.5	0.5	0.5
	南アフリカ	0.4	0.4	0.4	0.4	0.4
オセアニア	オーストラリア	1.7	1.7	1.7	1.7	1.6
[参　考]						
主要先進国（7カ国）		46.4	46.9	45.6	45.2	45.3

出典：統計局資料

第11章 日本経済の状況と再生への取り組み

11-1 日本経済の低迷

11-1-1 バブル経済後の経済成長率

内閣府、IMF の資料（図表 29，図表 30）から見ると、日本の経済成長率は低迷しています。これからはそのための対策が必要になります。世界経済の動き、社会情勢の変化を総合的に捉えながら、その対策を考えてみます。

図表 29　経済成長率の推移（1956 年－ 2021 年）

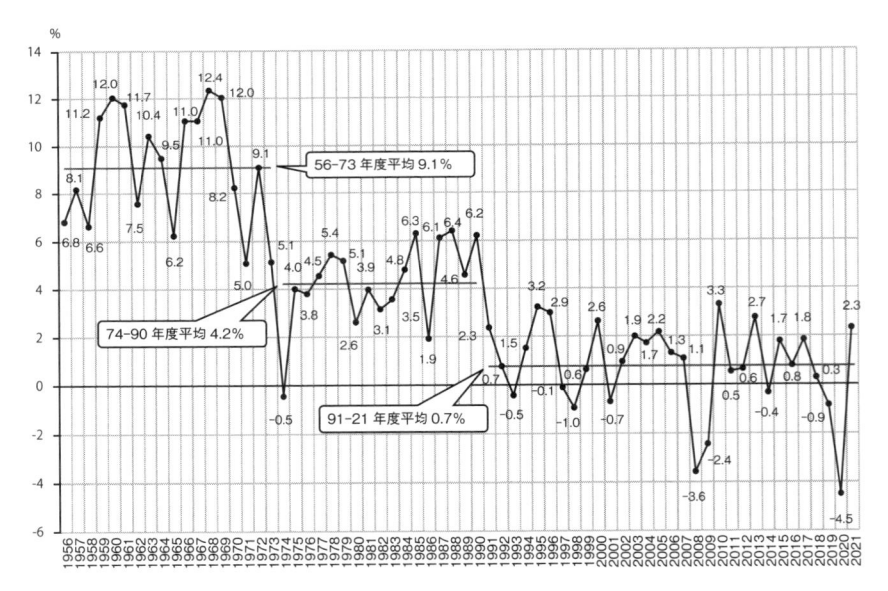

（注）年度ベース。複数年度平均は各年度数値の単純平均。1980年度以前は「平成12年版国民経済計算年報」（63SNAベース）、1981～94年度は年報（平成21年度確報、93SNA）による。それ以降は2008SNAに移行。2022年4-6月期1次速報値＜2022年8月15日公表＞
（資料）内閣府SNAサイト

第11章　日本経済の状況と再生への取り組み

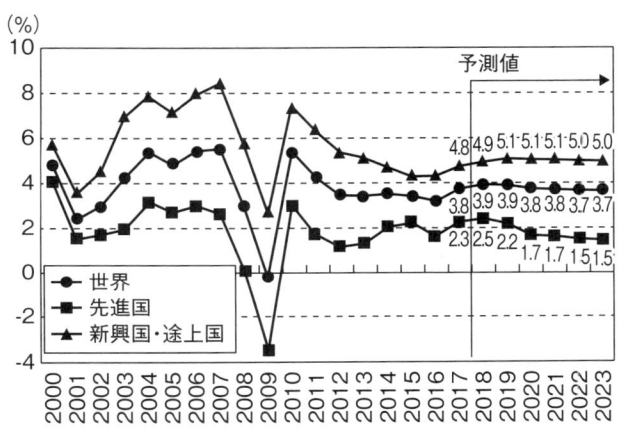

図表30　世界経済の GDP 成長率（見通し）の推移

資料：IMF WEO（2018年4月）から作成。

　日本の経済成長率の 1991 年− 2021 年の平均は 0.7％と非常に低迷しており、マイナス成長も目立ちます。図表 30 の世界との比較でも、日本の成長率は低いことが確認できます。その要因は、国家予算が硬直し、自由度が少なく思い切った経済政策ができないこと、日本企業がモノづくりに固執しソフト面の投資を怠ったこと、阪神・淡路大震災、東日本大震災などの自然災害が日本で多発したことなどがあげられます。その実態を調べ、将来に役立てましょう。

11-1-2 … 世界の時価総額ランキングの推移から見てみる

　1989（平成元）年―2019（平成 31）年の世界の時価総額ランキング（図表 31）で、世界的な活動をしている企業が大きく変動していることを確認しましょう。
　平成が始まった 1989 年はバブル経済の終盤ですが、日本企業が過半数を占めています。業種は、銀行、製造業、電力会社と多岐に渡っています。しかし平成の終わりの 2019 年では、トヨタ自動車以外の日本企業

はすべて50位のランキング外になっています。日本企業は、この30年間での成長ができていないのです。

2019年のランキング上位企業は、Apple、マイクロソフト、Amazon、アルファベット（Googleの親会社）、Meta（旧Facebook）など、世界を制覇するソフトを開発して個人情報を含めた情報（ビッグデータ）を活用し、新たなビジネスモデルを創造している企業です。

例えば、Appleは、Mac、iPhone、AppleWatchなどを継続的に開発し、そこから収集できるビッグデータ（個人、法人の活動状況）を活用し、効率のよい新たなサービスを提供しています。iPhoneでアプリケーションを利用すると、その利用料の30％がAppleの収入になります。Google、マイクロソフト、Amazonなども同様です。人工知能（AI）を活用し、将来を予測しながら、企業ニーズに細かく応えることできるのです。しかし、そのときハードの設計はしますが、製造面では他社に任せています。製造面で発生する在庫リスク、設備投資リスクなどは負わないビジネスモデルです。頭脳部分を押さえることで、継続的な成長を可能にしています。

トヨタ自動車は、日本企業で唯一ランキングに残っていますが、ソフトへの進出を念頭に継続的な努力をしています。具体的には自動運転システムの構築です。自動運転システムで、そのソフトを押さえることは自動車の市場を押さえることになります。今後、製造業は下請け企業になってしまうのです。現在のパソコン、携帯電話などは、その製造拠点は中国中心ですが、頭の部分は米国です。この関係がソフトを押さえないと自動車の分野にも広がります。

第11章 日本経済の状況と再生への取り組み

図表31　世界の時価総額ランキングの推移

世界時価総額ランキング TOP50（平成元年）

順位	企業名	時価総額(億ドル)	国名
1	NTT	1638.6	日
2	日本興業銀行	715.9	日
3	住友銀行	695.9	日
4	富士銀行	670.8	日
5	第一勧業銀行	660.9	日
6	IBM	646.5	米
7	三菱銀行	692.7	日
8	エクソン	549.2	米
9	東京電力	544.6	日
10	ロイヤルダッチ・シェル	543.6	英
11	トヨタ自動車	541.7	日
12	GE	493.6	米
13	三和銀行	492.9	日
14	野村証券	444.4	日
15	新日本製鉄	414.8	日
16	AT&T	381.2	米
17	日立製作所	358.2	日
18	松下電器	357.0	日
19	フィリップ・モリス	321.4	米
20	東芝	309.1	日
21	関西電力	308.9	日
22	日本長期信用銀行	308.5	日
23	東海銀行	305.4	日
24	三井銀行	296.9	日
25	メルク	275.2	米
26	日産自動車	269.8	日
27	三菱重工業	266.5	日
28	デュポン	260.8	米
29	GM	252.5	米
30	三菱信託銀行	246.7	日
31	BT	242.9	英
32	ベル・サウス	241.7	米
33	BP	241.5	英
34	フォード・モーター	239.3	米
35	アモコ	229.3	米
36	東京銀行	224.6	日
37	中部電力	219.7	日
38	住友信託銀行	218.7	日
39	コカ・コーラ	215.0	米
40	ウォルマート	214.9	米
41	三菱地所	214.5	日
42	川崎製鉄	213.0	日
43	モービル	211.5	米
44	東京ガス	211.3	日
45	東京海上火災保険	209.1	日
46	NHK	201.5	日
47	アルコ	196.3	米
48	日本電気	196.1	日
49	大和証券	191.1	日
50	旭硝子	190.5	日

世界時価総額ランキング TOP50（平成31年4月）

順位	企業名	時価総額(億ドル)	国名
1	アップル	9644.2	米
2	マイクロソフト	9495.1	米
3	アマゾン・ドット・コム	9286.6	米
4	アルファベット	8115.3	米
5	ロイヤル・ダッチ・シェル	5368.5	蘭
6	バークシャー・ハサウェイ	5150.1	米
7	アリババ・グループ・ホールディングス	4805.4	中
8	テンセント・ホールディングス	4755.1	中
9	フェイスブック	4360.8	米
10	JPモルガン・チェース	3685.2	米
11	ジョンソン・エンド・ジョンソン	3670.1	米
12	エクソン・モービル	3509.2	米
13	中国工商銀行	2991.1	中
14	ウォルマート・ストアズ	2937.7	米
15	ネスレ	2903.0	スイス
16	バンク・オブ・アメリカ	2896.5	米
17	ビザ	2807.3	米
18	プロクター・アンド・ギャンブル	2651.9	米
19	インテル	2646.1	米
20	シスコ・システムズ	2480.1	米
21	マスターカード	2465.1	米
22	ベライゾン・コミュニケーションズ	2410.7	米
23	ウォルト・ディズニー	2367.1	米
24	サムスン電子	2359.3	韓
25	台湾セミコンダクター・マニュファクチャリング	2341.5	台
26	AT&T	2338.7	米
27	シェブロン	2322.1	米
28	中国平安保険	2293.4	中
29	ホーム・デポ	2258.2	米
30	中国建設銀行	2255.1	中
31	ロシュ・ホールディング	2242.9	スイス
32	ユナイテッドヘルス・グループ	2179.2	米
33	ファイザー	2164.1	米
34	ウェルズ・ファーゴ	2132.3	米
35	ボーイング	2117.8	米
36	コカ・コーラ	2026.4	米
37	ユニオン・パシフィック	1976.4	米
38	チャイナ・モバイル	1963.6	中
39	中国農業銀行	1935.0	中
40	メルク	1897.5	米
41	コムキャスト	1896.9	米
42	オラクル	1866.7	米
43	トヨタ自動車	1787.6	日
44	ペプシコ	1772.5	米
45	LVMH モエ・ヘネシー・ルイ・ヴィトン	1762.8	仏
46	アンハイザー・ブッシュ	1753.0	ベルギー
47	HSBC ホールディングス	1749.2	英
48	ノバルティス	1742.6	スイス
49	フォメント・エコノミ・メヒカノ	1713.4	メキシコ
50	ネットフリックス	1647.5	米

注1：平成31年のデータはYahooファイナンス参照
注2：平成元年のデータはダイヤモンド社のデータ（https://diamond.jp/articles/-/177641?page=2）を参照

出典：東京証券取引所のデータより

241

11-1-3　給料の推移から見てみる

図表32で示したとおり、日本の賃金は、全く伸びておらず、経済成長率の低迷と同様という状況です。バブル経済崩壊後失われた30年と呼ばれていますが、様々な経済指標がそれを裏付けています。何らかの経済成長計画が必要になります。

図表32　実質賃金指数の推移の国際比較（1997年＝100）

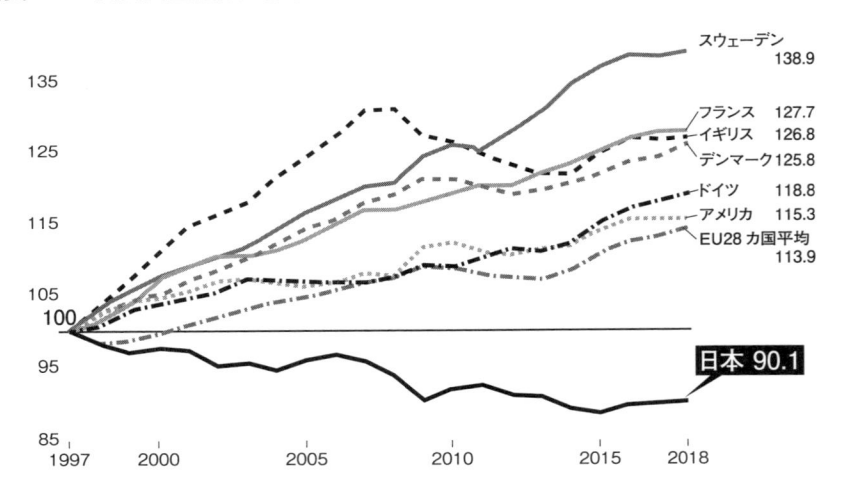

スウェーデン 138.9
フランス 127.7
イギリス 126.8
デンマーク 125.8
ドイツ 118.8
アメリカ 115.3
EU28カ国平均 113.9
日本 90.1

出典：全労連資料
資料：OECD.Stat

11-2 日本経済に必要なものは何か

　2022年度の日本の一般会計予算は、図表33のとおりです。歳入の1/3を借金（公債金）が占めています。税金では予算が不足するので、国債を発行しているのです。国債は、主に日本国民からの借金なので、後で返済しなければならない資金です。

　所得税の税率は、所得4,000万円以上では住民税と合わせて55％にも上り、国際比較すると、福利厚生の水準を勘案してもとても高い水準です。法人税も国際比較すると米国に並んで高率です。つまり国際的に見れば、税率を上げることができるのは消費税だけという状況なのです。歳入増加の手段が非常に限られた状況にあるといえます。

　歳出は、国債費（国債の償還と金利の支払）が1/4、社会保障費（年金と医療費）が1/3を占めており、景気刺激策に使える公共事業に振り向ける金額（比率）は非常に小さくなっています。言い換えれば、予算は硬直状況にあり、機動性に欠けています。高齢化社会の進行でこの環境はしばらく改善されません。

図表33　一般会計予算（歳入、歳出）

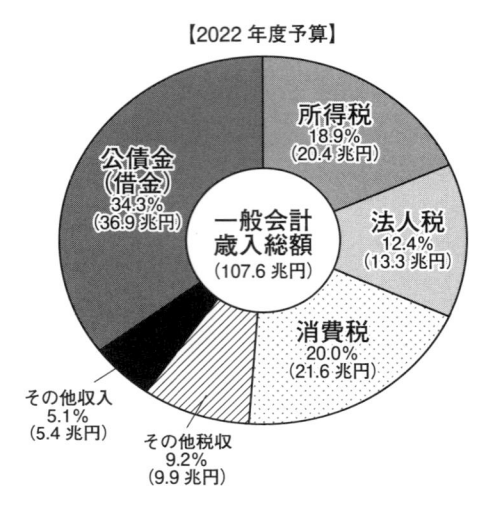

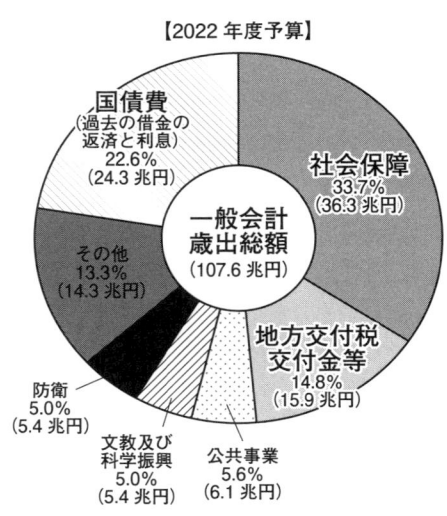

【2022年度予算】

一般会計歳入総額（107.6兆円）
- 所得税 18.9%（20.4兆円）
- 法人税 12.4%（13.3兆円）
- 消費税 20.0%（21.6兆円）
- その他税収 9.2%（9.9兆円）
- その他収入 5.1%（5.4兆円）
- 公債金（借金）34.3%（36.9兆円）

【2022年度予算】

一般会計歳出総額（107.6兆円）
- 社会保障 33.7%（36.3兆円）
- 地方交付税交付金等 14.8%（15.9兆円）
- 公共事業 5.6%（6.1兆円）
- 文教及び科学振興 5.0%（5.4兆円）
- 防衛 5.0%（5.4兆円）
- その他 13.3%（14.3兆円）
- 国債費（過去の借金の返済と利息）22.6%（24.3兆円）

〔注〕「その他」には、新型コロナウイルス感染症対策予備費（4.6%（5.0兆円））が含まれる。

出典：財務省HPより

第11章　日本経済の状況と再生への取り組み

　政府の経済政策には、金融政策、公共事業、税制、規制緩和などがあります。金融政策は、ゼロ金利が20年以上継続されており、マイナス金利政策まで取られています。事実上、金融政策はすでに使い切っているのです。規制緩和が残された道です。それには、経済成長を促す企画を示し、そのために法制度を整える必要があります。経済産業省は2018年9月に、『DXレポート〜ITシステム「2025年の崖」の克服とDXの本格的な展開』を発表し、企業の経営陣にその対応を促しています。また、内閣府も2021年9月に「成長戦略実行計画案」を発表し、日本経済の現況を客観的に示し、経営陣にその対応を促すとともに、活動を支援する方針を打ち出しています。

おわりに　～日本経済の再生～

　日本経済の成長率が大きく下がり、世界共通のデジタルプラットフォームのほとんどを米国企業に先行されてしまいました。高齢化社会が到来し、高齢者が増加し、医療・年金の負担が増加する中、働き盛りの若者の人口が大きく減少しています。日本全体の人口も減少に転じ、出生率の低下に歯止めがかかっていません。開発能力はあるのに新型コロナのワクチン開発ができなかったことは、治験制度を含めて大きな問題です。こう見ると悪いことばかりですが、まだまだ世界に誇る技術力はあるし、国民の教育水準も高いです。また、経済を再生しなければいけないことに、多くの経営者は気が付いています。その具体的な施策を考えていきましょう。

1，政府の役割

　政府は、2018年に経済産業省が「2025の崖」レポートを発表し、産業界に警鐘を鳴らしました。2021年6月に、「日本経済の成長戦略」、「成長フォローアップ」を公開し、具体的な成長戦略の方向性を示しています。そして、9月にデジタル庁を新設し、全産業のデジタル化を推進し始めました。（経済産業省HPの情報）

(1) 税制改革

　法人ナンバー、個人のマイナンバーを導入しました。その活用に時間がかかっていまが、政府はデジタル化を見据えて、税制、医療、災害面で、次々と新たな施策を打ち出しています。新型コロナ感染症の影響でインターネットの活用が進み、一気に行政の事務処理方法、企業の働き方（リモートワークの導入等）が変わりました。非接触型の支払い手段である電子マネーの普及も進んでいます。県の地域振興で、電子マネーを地域の補助金交付に活用しています。これらは将来的に、国民のデジタル化の推進と税金の公平化につながると思います。

あとがき

不動産登記法の改正：
　所有者不明土地の発生を予防するため、住所等変更登記の申請・相続登記の申請が義務化され、義務に違反した場合の罰則規定も設けられました。背景には、国土の約 20％ が所有者不明地となっている現実があります。金融資産名義の厳格化と合わせると、個人、法人の資産保有状況を確認できることになります。

インボイス制度の導入：
　インボイス制度とは、「適格請求書等保存方式」のことです。具体的には、登録番号等の要件を満たした請求書等を交付・保存する制度です。1,000 万円以下の消費税の免税事業者がインボイスを発行するためには、課税事業者の登録が必要になります。つまり、免税事業者は自主的に課税事業者になり課税されます。

副業の事業所得認定は 300 万円以上に：
　サラリーマンの副業が増加している中、租税公平の観点から、300 万円以下の副業は雑所得とすることになりました。事業所得の赤字を給与所得と損益通算することで、不自然な還付請求が増えていることに対応したものです。副業の推進に逆行するとの意見もあります。

（2）グリーン政策
　環境省、外務省を中心に、新たな目標（SDGs など）を掲げて動き出しています。

デジタル化：
　社会全体で徹底したデジタル化に向けた投資を集中的に実施する、デジタル・ニューディールを政府は提言しています。今後 5 年で全国の自治体のシステムの統一・標準化を目指します。また、2030 年頃の導入が見込まれる 6 G（通信システム）については、欧米企業等と国際連携しながら産学官での取り組みがスタートしています。

カーボンニュートラル：
　グリーン化への対応を含めた SDGs などのグローバルな課題でのリー

ダーシップ発揮は、必須事項です。政府は、「グリーン」については2020年末に「グリーン成長戦略」を策定、2050年のカーボンニュートラル実現に向けて2030年度には温室効果ガスを2013年度から46％削減し、さらに50％の高みに向けて取り組むことを表明しています。10年間で２兆円の基金の活用等を通じたグリーンイノベーション創出に向けた取り組みが動き出しているのです。

雇用改革：

　人材へ投資することによって、目指すべき経済社会の姿とそれを実現するための方策を掲げています。キーワードは「多様性」と「変化への対応」です。多様性こそがイノベーションを生み、変化への対応力を高めることができます。その多様性の源は「人」です。日本の教育水準は高く、人材の力を引き出し、大きな変化に戦略的に対応していくことが必要なのです。

雇用形態の多様化：

　終身雇用・正規雇用を前提に成り立つ個別企業による人材育成の仕組みは、画一的な正社員と非正規雇用を生み、人材の潜在力を十分に引き出せていません。雇用形態の改革を進めるべき施策をとることを掲げています。

労働法改正：

　2020年４月から大企業で導入された同一労働同一賃金は、正規・非正規という区分をなくしていきます。多様な人材が多様化・複線化されたキャリアパスの中でそれぞれの能力とやりがいを高めながら活躍する場を選択できるように、順次法改正が進められています。

新型コロナウイルス感染症の危機：

　新型コロナウイルス感染症の感染拡大の影響で働き方が大きく変わりました。リモートワーク（テレワーク）が一般化され、新たな動きやチャレンジが生まれています。居住地を選ばない働き方は、育児中の女性やスキルアップ中の若者、一定のスキルを持つ高齢者などでも企業で十分に活躍できます。そのための法制化が進んでいます。

2，企業の改革

(1) 投資

　企業は将来向けての投資を怠ってはいけません。情報伝達コストが劇的に下がり、発展途上国が従来型の発展過程を飛び越えて最新設備を導入できる時代になっています。より高度な技術と多様化に対応できる設備や人材を確保するための投資は必須です。

(2) 資金調達

　資金調達力を高めるための施策が必要です。銀行からの間接金融も大切ですが、安定資金を調達するために投資家への積極的な情報開示とアプローチが必要です。設備投資、人材確保、M&A等には大きな資金が必要になります。

(3) 発展・成長のスピードアップ

　次世代に必要となる分野のM&Aや取捨選択を実行し、会社内の設備・人材を再構築することが必要です。特に、M&Aは、発展過程を時間短縮で、かつ必要人材を確保できる有効な手段です。リスクも大きいので、その調査能力も大切なスキルになります。

(4) 働き方改革

　人材確保のための投資が必要です。データのデジタル化、ソフトのクラウド化（6G高速ネットワーク）、人工知能（AI）の活用、次世代コンピュータ（量子コンピュータ等）、VR化（仮想現実）、ブロックチェーン（暗号）、システム構築（旧設備との接続）、新システム対応の教育など、様々な分野での人材が必要になります。従来型の雇用システムでは、対応が難しいです。

（5）リスキリング：
　会社の費用で、勤務時間内（雇用契約内）に、自社の従業員のスキルアップを図るために教育する仕組みの構築を行います。
リカレント教育：
　従業員自らの時間と資金を使って、自分自身を再教育することです。一部、資金補助をすることで、スキルアップが促せます。
雇用契約の多様化：
　必要とする人材をフルタイムで確保することは難しいので、副業、兼業、一時雇用、短時間雇用等、必要人材をタイムリーに確保できる仕組みを構築しなければなりません。
若手、女性の登用：
　世界的に見て日本の昇進は遅く、スキルの高い人が外資系企業に引き抜かれる事態となっています。また、女性の昇進、昇給、配属が男性に比べて遅く、固定化しています。この部分の改善は最優先事項です。

3, 国民の協力

　予想もしなかったことが続々と起きています。ロシアのウクライナ侵攻の勃発、新型コロナウイルス感染症の世界的な感染、為替相場の変動、金利の高騰、要人の暗殺など、驚くことばかりです。こうしたことに対応するためには国民の協力が不可欠になります。情報伝達の促進、誤報の防止、正確な情報把握など、様々なデジタル化に協力すべき時代に入っています。個人情報を守りながら、安全確保のために必要な情報を確保しつつ活用するようなシステム構築に協力しなければなりません。

（1）国民保護法
　正式には「武力攻撃事態等における国民の保護のための措置に関する法律」といいます。武力攻撃事態等において、武力攻撃から国民の生命、身体および財産を保護し、国民生活等に及ぼす影響を最小にするための、国・地方公共団体等の責務、避難・救援・武力攻撃災害への対処等の措置が規

定されています。ロシアのウクライナ侵攻で、戦争が他人事ではなくなってきました。

(2) デジタル庁の災害対策
　近年、大型台風や線状降水帯による多大な災害が頻発しています。政府の後押しもあり、地方自治体は、災害発生時の緊急対応のデジタル化を進めています。また、自らを守るためにも災害時の対応へ協力は欠かせません。デジタル化には、個人情報（病歴、持病の薬、家族構成など）を登録することも必要となるでしょう。

(3) 個人情報保護法
　この法律は、個人情報を隠すものではありません。個人情報を保護しつつ、安全に活用することを掲げています。3年おきの見直しを進める規定もあり、時代変化に合わせて変化する法律です。米国企業（主にGAFA）に対抗しつつ、欧州のGDPRにも適合させながら、個人情報を活用することに（マイナンバー制度など）国民は協力しなければなりません。

　経済社会のダイナミズムを復活させなければなりません。かつての高度成長期のように、活力にあふれ、豊かさを実感できる未来を築きましょう。特に、若者と女性に希望を与え、欧米社会のように、男女差別なく活躍ができる社会制度が必要になります。将来に向けて、人材への投資と制度改革を国が大胆に行うことを宣言している中で、民間の創意工夫を大切に、未開拓分野への投資を促したいものです。企業だけでなく、国民各自が個人でも意識改革を行い、社会全体で人材を育成する考え方も大切です。
　私も大学において、若者から教えられることが多くなっています。最近感じたこととして、学生がほとんど電話を使わず、LINEやボイスメールを使いこなしていることなどがあります。また、テレビを必要以上に見なくなったことも感じました。要点のみテレビで確認し、詳細情報はスマホから得ています。様々な動画サービスで、必要なテレビ番組を後からでも

見られるようになったからです。外国語（特に英語）に関しては翻訳機を使いこなしています。パソコンソフトもインストール概念がなく、クラウド上でのソフトを使うので常に最新です。お店での支払いはほとんど電子決済です。現金をあまり持ち歩きません。写真やメールを保存し、忘れてはいけないことは確実に残しています。SNS、書き込み、評価を信じすぎることなく使いこなしています。時代の流れに後れを取ることなく、冷静に捉えて、判断しなければならないのです。

　これからの社会を生き抜いていくためには、頭を柔らかくする必要があると自覚することが大切だと、日々実感しています。

2022年10月　齋藤 聡

索 引

あ行

- アンラーニング･･････････････････ 126
- 育成者権･･････････････････････ 134
- 委員会設置会社････････････ 28・39
- 委員会の権限･･･････････････････ 40
- 意匠権･･････････････････････ 133
- イノベーション･･････････････････ 51
- 医療保険･････････････････････ 76
- インターネットビジネス･････････ 93
- インボイス制度･･･････････････ 247
- 引力の法則･･････････････････ 232
- エージェンシー・コスト･･･････ 23・85
- エージェンシー理論････････････ 84
- オイルショック･･･････････････ 193
- オペレーションズ・リサーチ･････ 88
- 卸売業･････････････････････ 53

か行

- 会社分割･･････････････････ 160
- 格付け･･･････････････････････ 20
- 掛け販売制･･････････････････ 59
- 株式移転･････････････････････ 160
- 株式会社･････････････････････ 17
- 株式交換･････････････････････ 160
- カーボンニュートラル･･････････ 212
- 監査委員会･･･････････････････ 39
- 監査役･･････････････････････ 38

- 間接金融･････････････････････ 21
- 完全競争市場･･････････････････ 12
- 完全競争モデル････････････････ 12
- カンパニー制組織･････････････ 141
- カンバン方式･･･････････････････ 87
- 官僚制･････････････････････ 186
- 官僚制組織･･････････････････ 148
- 機会主義････････････････････ 82
- 企業集積･･･････････････････ 114
- 企業信用調査･･････････････････ 23
- 企業の社会的責任･････････････ 200
- 企業文化･･････････････････････ 32
- 企業別労働組合････････････････ 4
- 企業誘致････････････････････ 111
- 企業立地････････････････････ 108
- 規制緩和･････････････････ 49・190
- 基礎研究････････････････････ 154
- クラウド化･･････････････････ 249
- クリエイティブ戦略･･･････････ 106
- グローバル・インテグレーション･･･ 129
- グローバル人材･･････････････ 127
- 経営者支配･･････････････････ 13
- 競業避止義務･･････････････････ 38
- 計画経済････････････････････ 185
- 契約理論････････････････････ 82
- 系列････････････････････････ 46
- 公開会社････････････････････ 19

254

公共財	204
工業団地	113
広告戦略	106
合資会社	16
合同会社	17
合名会社	16
小売業	53
合理主義	82
ゴーイング・コンサーン	3
ゴシャールの４類型	225
コーポレート・ガバナンス	27
顧客満足	34
国際規格	170
国際標準	170
国内総生産	197
固定相場制	193
個別財務諸表	36
雇用保険	79

さ行

産業革命	2
産業政策	186
産業の空洞化	114
事業部制組織	141
事業持株会社	157
自己申告制	73
市場経済	184
市場の失敗	100
執行役員制度	28

私的財	204
指名委員会	39
社外監査役	29
社会貢献	29
社外取締役	29
従業員満足	33
終身雇用	4
自由貿易協定	226
準公共財	204
純粋持株会社	158
少子高齢化	195
乗数効果	197
商標権	133
情報開示	202
所得再分配	198
人工知能	176
人事考課	72
人的資本	52
垂直統合	152
垂直統合型	44
水平分業型	44・152
スタッフ組織	139
ステークホルダー	14
ストック型経営	44
スポット取引	83
政府の失敗	189
整理解雇４要件	6
善管注意義務	38
専門職制	74

戦略的事業単位	146
組織内取引	84
組織の失敗	104

た行

多国籍企業	224
地球温暖化問題	209
知財戦略	131
中間組織	104
忠実義務	38
長期継続取引	84
直接金融	22
著作権	134
ディスクロージャー	202
敵対的買収	161
独立役員	30
特許権	131
トップマネジメント	26
取締役会の権限	40
取引コスト	82

な行

内部統制報告書	28
日本的経営	4
日本的商習慣	57
ネットワーク組織	147
年金保険	77
年功序列	4

は行

バーチャル組織	147
バーノン・モデル	224
パールミュッターのＥＰＲＧ	225
買収防衛策	161
パブリシティ広告	107
パレート最適	102
ビッグデータ	174
非営利組織	208
非政府組織	208
日和見主義	82
ファブレス経営	44
ファンクショナル組織	140
不完備市場	101
不況カルテル	189
物的資本	52
プライス・テーカー	12
プラザ合意	221
フリーライダー問題	206
プロジェクトチーム	144
プロダクト・マネジャー制	144
変動相場制	193
ベンチャーファンド	163
返品制	58
貿易摩擦	221
報酬委員会	39
ボーダーレス化	49

索引

ま行

マーケット戦略	86
マーケティング・リサーチ	98
マッカーシーの4P	90
マトリクス組織	145
メタバース	231
メディア戦略	106
モジュール化	152・154

ら行

ライン&スタッフ組織	139
ライン組織	139
リカレント教育	126
リスキリング	125
立地選択	109
リベート制	58
連結キャッシュフロー計算書	169
連結決算	169
連結財務諸表	36
連結剰余金計算書	169
連結損益計算書	169
連結貸借対照表	169

英字

AI	176
ASTM 規格	171
BCP	116
B to B	96
B to C	93
CDP	75
CS	34
CSR	49
DX	173
EDI	89
EMS	47
ES	33
GAFA	179
GDP	218
GDPR	179
IaaS	123
IFRS	36
M&A	129・159
Off-JT	65
OJT	65
OR	88
PaaS	123
POS	88
QC	89
SaaS	121
SBU	146
SDGs	209
SPAC	165
TOB	161
TPP	185・218

著者略歴

齊藤　聡（さいとう　さとし）

　慶應義塾大学経済学部卒業。東海銀行（現・三菱ＵＦＪ銀行）に入行し、各種銀行業務を担当。
　その後、名城大学大学院法学研究科、名古屋学院大学大学院経済経営研究科、東京大学大学院法学政治学研究科修了。
　2002年より産業能率大学に勤務、現在、同大学経営学部教授。
　税理士、証券アナリスト、ＦＰ１級。

　東海銀行員時代に店舗の新規開設準備、ベンチャー企業への支援と投資、法律トラブルの解決、住宅ローンシステムの設計等の仕事に従事。その後、産業能率大学経営学部教授となってからも、銀行員時代の経験から、経済・環境の変化に敏感に反応する企業の行動原理や人を大事にする姿勢を取る。現在は、数多くの企業と関わることで学んだ現場の知識と学術的な研究によって得た知識を融合させ、学生にとっても分かり易く、興味の持てる授業を展開している。

　著書として、「個人情報保護法ハンドブック（アポロ出版株式会社）」「社会人のための法律入門（産業能率大学出版部）」（2011年）がある。

大激変の時代　現代企業にみる日本経済　〈検印廃止〉

著　者	齊藤　聡
発行者	坂本　清隆
発行所	産業能率大学出版部
	東京都世田谷区等々力 6-39-15　〒158-8630
	（電話）03（6432）2536
	（FAX）03（6432）2537
	（振替口座）00100-2-112912

2012年9月14日　初版1刷発行
2022年12月15日　2版1刷発行
印刷所　日経印刷　製本所　日経印刷

（落丁・乱丁はお取り替えいたします）　　ISBN 978-4-382-05673-2
無断転載禁止